会話データ分析の実際

の実際

●身近な会話を分析してみる

中井陽子
Yoko Nakai

大場美和子
Miwako Ohba

寅丸真澄
Masumi Toramaru

著

会話ビデオ
のQRコード
を掲載

ナカニシヤ出版

はしがき

　多様な背景を持つ人々の関わりが増す現在のグローバル社会において，コミュニケーションのあり方を考えることは，ますます重要な課題となってきています。コミュニケーションとは様々な媒体や形態で行われるものですが，その中でも，特に，話し言葉で交わされる会話というものは，我々の日々の人間関係を作り上げ，何かの目標をともに達成していく上で欠かせないものだと言えます。

　こうした会話というものの特徴を知り，いかに会話に参加していくかを考えるには，会話データ分析の手法が役に立ちます。会話データ分析では，録音・録画・文字化された会話をデータとして，そこで実際に何が起こっているかを客観的かつ詳細に記述・分析します。それによって，普段我々が無意識に行っている会話でのやり取りの特徴を意識的に捉えなおすことができます。そして，会話データ分析によって得られた知見から，我々が会話をする際に重要となる点を学び取り，自身の会話でのコミュニケーションの仕方を振り返り，改善していくことにも活かせます。

　そこで，本書では，主に会話データ分析を初めて学ぶ方を対象に，会話データ分析の基本的な手法を紹介することとしました。そして，日常生活で遭遇する身近な場面の会話データ（会話ビデオ，文字化資料）を実際に分析してみることで，自身の日常の会話でのコミュニケーションを振り返れるようにしました。もちろん既に会話データ分析の基礎を身に付けている方にも，新たな視点で会話データ分析に取り組んでいただけると思います。

　本書では，主に，日本語教育学，日本語学の分野を中心とした会話データの分析手法を紹介しますが，コミュニケーション研究，異文化間コミュニケーション研究，外国語教育，第二言語習得研究，社会言語学など，様々な分野の方にも参考になると思います。会話データ分析を専門としない方も，自身の専門分野と結び付けて参考にしていただけることを期待しています。

　本書を通して，日本語を母語とする学部生・大学院生の他，日本で勉強中の留学生，日本語や外国語を学んでいる方，日本語教員養成課程の受講生，市民講座の受講生など，様々な方に会話データ分析の面白さに触れていただければと考えています。そして，できれば，日本語と他の言語の会話の特徴の違いについても考えるきっかけにしていただきたいと思います。

　本書の特徴は，以下の通りです。

（1）実際の会話データ（会話ビデオ，文字化資料）を分析する体験を通して，基本的な分析手法が学べます。

（2）会話データは，初対面会話（母語場面，接触場面），誘い，依頼，インタビュー，話し合い，留学の体験談，面接の会話など，日常の大学生活や社会生活で遭遇する場面の会話を豊富に扱っています。こうした多様な会話データを個人で収集することが困難な方にも，様々な会話データに触れていただけます。

（3）会話データを分析するために，多様なタスクが設けてあります。段階を追ってタスクに取り組んでいくことで，分析の観点が深まっていきます。また，本書を学部・大学院授業や市民講座などで利用する場合は，グループで話し合いながら分析のタスクに取り組むことで，より多角的な視点に触れて新たな課題を発見していくことが期待できます。

（4）分析した結果を振り返るタスクも設けてあります。このタスクを通して，自身の会話を振り返り，より良い会話にするための改善点を探る機会が得られます。

(5) 会話データ分析の手法を中心に，調査・研究の基本的な方法や姿勢が学べます。これを踏まえて，具体例を見ながら，課題に取り組んでいくことで，レポートや論文の書き方がわかるようにしてあります。

(6) 付属教材として，会話ビデオ，文字化資料（抜粋），提出用ワークシート，教師用解答例など，豊富なデジタル教材が利用できます。そのため，対面授業とオンライン授業のどちらでも活用できます。

　本書を活用して，会話とはどのようなものかを分析することで，自身の日常の会話を見つめなおし，大学生活や社会生活に活かしていただければ幸いです。

2022 年 9 月

執筆者代表　中井陽子

本書の使い方

　本書では，我々が日常生活で遭遇する様々な会話を取り上げ，会話ビデオ，文字化資料を見ながら具体的な分析練習を行い，自身の日常の会話の仕方に関連付けながら，段階的に会話データ分析の手法を学んでいけるようになっています。

■**本書の内容・構成**

　本書は，第1～10章から成りますが，興味のある章を選んで，13～15週かけて学んでいくことができます。基本的には，1コマ（90分）で1章ずつ進めていけるように構成されていますが，じっくり分析しながら議論していくべき章があれば，1つの章に1.5～2コマかけてもいいでしょう。特に，第10章を参考に，学期末の課題として2～3コマを使って，個人やグループで，会話データの収集，分析，発表，レポート執筆を行うプロジェクトを取り入れてもいいでしょう。

　まず，第1～9章では，初対面会話（母語場面，接触場面），誘い，依頼，インタビュー，話し合い，留学の体験談，面接の会話といった具体的な日常会話の場面を取り上げ，実際に会話データの分析練習ができます。第2章には，グループで自分達の会話を録画して分析するタスクも設けてあります。

　そして，第10章では，会話データ分析の研究計画から，先行研究の調べ方・まとめ方，調査の依頼，会話データの収集，分析，発表，レポート・論文作成の仕方まで，具体例を参考にしながら，タスクに取り組み，段階を追って学んでいけるようにしてあります。巻末資料には，これらの各段階で参考となる資料が豊富に掲載されており，実際に自分で会話データ分析の研究を行う際に役立つようにしてあります。

　その他，各章には，雑談，話し合いなど，前後の章に関連する会話データ分析の内容を読みやすくまとめたコラムも載せてありますので，参考にしてください。

■**各章の構成・進め方**

　第1～9章の各章の構成は，概ね以下の通りです。ただし，章によって構成や進め方は異なることもあります。

　「考えてみましょう！」では，各章で取り上げる会話がどのようなものかについて自分達の経験を振り返り，その特徴を意識化します。

　「やってみましょう！」では，各章で取り上げる会話を実際にしてみます。

　「確認しましょう！」では，各章で取り上げる会話データ分析に関する基礎的な知識を学びます。これを踏まえて，会話データ分析のタスクに取り組みやすくしてあります。

　「会話データを分析しましょう！」では，章ごとに異なる様々な場面の会話ビデオを見て，タスクに取り組みながら，多角的な観点から会話データを分析する練習を行います。その後，個人やグループでそれぞれの会話の特徴について考えます。分析した内容について各章で発表や報告をしてもいいでしょう。

　「分析を振り返りましょう！」では，各章の活動をもとに，会話データ分析を行った感想，さらに分析したい点，今後の自身のコミュニケーションで気を付けたい点について考えます。これにより，次の分析への発展を考えるとともに，分析した内容を，自身が参加している日常の会話に結び付けて考え，改善していくヒントが得られるようにしてあります。

　「参考文献」には，各章で扱う会話データについて著者らが実際に分析した論文などが主に載せてあります。これらの論文には，参考となる先行研究の情報や詳しい分析手法，分析結果などがまとめられているので，さらに深く分析したい方にはぜひ読んでいただきたいと思います。その他，「参考文献」には，各章で引用して取り上げた文献も載せてあります。また，「関連する文献」には，さらに参考になる主な

文献の一部も紹介してありますので，ぜひ読んでみてください。

　なお，第10章は，第1～10節までの1つ1つのタスクに段階的に取り組みながら，自身で読み進めていくことも可能です。その場合は，授業で重要な箇所だけ検討したり，授業内プロジェクトとして個人やグループで会話データの収集，分析，発表，レポート執筆を行ったりしてもいいでしょう。一方，研究の基礎演習や卒業論文ゼミなどで，実際に自身で会話データを収集して論文に仕上げていきながら進める場合は，数週間かけてじっくり取り組んでいく必要があるでしょう。

■本書で収集した会話データの特徴

　各章で扱う会話データは，本書のために独自に収集したものです。会話データの参加者は，本書のためのビデオ撮影・公開，文字化資料公開，写真掲載などに快諾・協力してくださいました。各会話の撮影後には，個別に会話ビデオを視聴しながら会話時の意識を確認するフォローアップ・インタビューにも協力していただきました。これらの提供いただいたデータは，本書の他，本書の「参考文献」に掲載した著者らの論文の中で，適宜，引用・活用させていただいています。なお，本書で提示する会話ビデオや文字化資料の中で，参加者の名前や所属など，個人が特定される情報は，仮名や消音，伏せ字にしてあります。

■付属教材一覧

　本書の他に付属教材として，会話ビデオ，文字化資料（抜粋），提出用ワークシート，教師用解答例などのリンクがナカニシヤ出版ホームページ（http://www.nakanishiya.co.jp/book/b613749.html）にて公開されています。会話ビデオは，ホームページ掲載資料のURLリンク，および，本書 viii ページのURLリンクから閲覧できます。また，本書該当箇所のQRコードからもアクセスできますので，会話データ分析の際に何度も視聴しながら確認できます。また，文字化資料，提出用ワークシート，教師用解答例は，必要に応じてホームページのリンクからダウンロードしてお使いいただけます。そのため，本書と付属のデジタル教材を用いて，対面授業およびオンライン授業の両方が可能です。教師用解答例は，本書の試用版をこれまでに用いた授業活動を踏まえて作成してあるので，分析のヒントになると思います。なおダウンロード用のファイルは zip 圧縮しておりパスワード　kaiwadatabunseki202209　で開きます。

	ナカニシヤ出版ホームページ上にアクセスリンクを掲載 (http://www.nakanishiya.co.jp/book/b613749.html)			
	会話 ビデオ	文字化資料 （抜粋）	提出用 ワークシート	教師用 解答例
第1章　初対面会話（母語場面）の話題転換の分析	○	○	○	○
第2章　初対面会話（接触場面）の二者会話・三者会話の比較分析	○	○	○	○
第3章　会話データの文字化の方法	○	○	－	－
第4章　誘いのロールプレイ会話の分析	○	－	○	○
第5章　依頼のロールプレイ会話の分析	○	○	○	○
第6章　インタビューの会話の分析	○	○	○	○
第7章　話し合いの会話の分析	○	○	○	○
第8章　留学の体験談の分析	○	○	○	○
第9章　面接場面と「聞き返し」の分析	○	○	○	○
第10章　会話データ分析の研究計画からレポート・論文作成まで	－	－	○	○

■**本書を利用する際に参考になる文献**

　本書の試用版を使用した学部授業での学生の会話データ分析の取り組みや学び，教材活用の効果については，大場・中井（2020），中井（2018a; 2018b; 2020）などにまとめました。実際の授業の進め方や学生の分析例，感想などについて述べていますので，参考にしていただければと思います。

　また，会話データ分析の研究事例や種類，変遷，実践現場での活用法については，本書と併せて，ナカニシヤ出版の中井編著他（2017）を参照いただきたいと思います。中井編著他（2017）では，これまでの会話データ分析の変遷や研究成果の社会への還元のあり方について，日本国内，米国，豪州，韓国の文献調査，および，12 人の教育者・研究者へのインタビュー調査をもとに，具体例を挙げてまとめてあります。

参考文献

大場美和子・中井陽子（2020）「会話データ分析の初学者による話題区分の特徴の分析」『社会言語科学』22（2），62–77.
　　https://www.jstage.jst.go.jp/article/jajls/22/2/22_62/_article/-char/ja/（2022 年 7 月 1 日）
中井陽子（2018a）．「会話データ分析の手法を学ぶための授業実践─学部生の学びの分析からの考察─」『東京外国語大学論集』97，203–225.
　　http://repository.tufs.ac.jp/handle/10108/92837（2022 年 7 月 1 日）
中井陽子（2018b）「インタビュー会話の分析活動から学ぶより良いインタビューの方法─会話データ分析の手法を学ぶ学部授業での実践をもとに─」『アカデミック・ジャパニーズ・ジャーナル』10，36–44.
　　http://academicjapanese.jp/dl/ajj/ajj10.36-44.pdf（2022 年 7 月 1 日）
中井陽子（2020）「話し合いの会話データ分析活動における学び─日本人学生と外国人留学生が参加する学部授業の分析─」『東京外国語大学論集』101，73–93.
　　http://repository.tufs.ac.jp/handle/10108/95717（2022 年 7 月 1 日）
中井陽子編著　大場美和子・寅丸真澄・増田将伸・宮﨑七湖・尹智鉉著（2017）『文献・インタビュー調査から学ぶ会話データ分析の広がりと軌跡─研究から実践まで─』ナカニシヤ出版
　　（書籍紹介サイト： http://www.nakanishiya.co.jp/book/b313405.html（2022 年 7 月 1 日））

本書における会話データ分析の導入概念・分析項目

本書の各章で取り上げる会話データ分析の導入概念，および，各タスクで扱う分析項目は，以下の通りです。これに加えて，会話データを別の観点から分析してみたり，そのために必要な研究概念を調べてみたりするのもいいでしょう。

章	会話データ分析の導入概念・分析項目
第1章 初対面会話（母語場面）の話題転換の分析	・文字化表記方法 ・文字化資料の確認 ・話題区分，話題タイトル付け ・話題区分の認定基準 ・話題開始部・話題終了部の特徴
コラム1 日本語の雑談①〜初対面の会話〜	・初対面の会話での話題選択
第2章 初対面会話（接触場面）の二者会話・三者会話の比較分析	・初対面の会話での話題選択，話題開始者，話題保持者，言語行動・非言語行動，会話中の意識 ・二者会話と三者会話の比較 ・母語話者からの歩み寄りの姿勢，配慮・調整
コラム2 日本語の雑談②〜聞き手の役割〜	・聞き手の役割（言語行動・非言語行動） ・共話
プロジェクト 自身の雑談を分析してみましょう！	・自身の雑談の撮影 ・「会話感想シート」の記入 ・フォローアップ・インタビューの実施 ・話題タイトル付け，話題の流れ ・話題開始部・話題終了部の特徴
第3章 会話データの文字化の方法	・文字化表記方法（言語行動・非言語行動） ・文字化の改行ルール ・発話の単位（あいづち的な発話と実質的な発話） ・文の単位 ・ターンの単位 ・多人数会話の文字化の仕方
コラム3 日本語の雑談③〜話題転換の方法〜	・話題開始部・話題終了部の特徴 ・日本語母語話者と中国語母語話者による話題転換の比較
第4章 誘いのロールプレイ会話の分析	・誘いの会話の展開構造（開始部，主要部，終了部） ・発話機能 ・誘いの駆け引き，配慮，言語行動・非言語行動
コラム4 日本語の雑談④〜ターンテイキングのためのシグナル〜	・ターンテイキングの特徴 ・ターンテイキングのためのシグナル
第5章 依頼のロールプレイ会話の分析	・依頼の上下関係・親疎関係による違いの比較 ・依頼内容による違いの比較
コラム5 日本語の雑談⑤〜メタメッセージ〜	・メタメッセージ ・挨拶，あいづち

第6章　インタビューの会話の分析	・インタビューの会話の印象評価（参加態度・丁寧さ，質問内容，聞き手の反応の仕方，話題の繋げ方・展開のさせ方，非言語行動，事前準備，相互行為・協力体制） ・聞き手の役割の比較
コラム6　日本語の雑談⑥〜日本語の会話の観察〜	・メタ認知力 ・会話の自律学習
第7章　話し合いの会話の分析	・話し合いの会話で良くない点（内容面，進行面，言語面，非言語面，態度など） ・話し合いの自己分析
コラム7　日本語の話し合い①〜司会者の役割〜	・司会者の役割
第8章　留学の体験談の分析	・体験談の会話，スピーチ，話し合いの特徴の比較（会話の進め方や話題，会話参加者間のやり取りの仕方・役割，話す順番など） ・体験談の会話，スピーチ，話し合いで必要な能力・技能・配慮の違いの比較（表現面，内容面，構成面，進行面，対人面など）
コラム8　日本語の話し合い②〜自分の意見を言う〜	・自分の意見を言う ・協調の原理
第9章　面接場面と「聞き返し」の分析	・聞き返しの発話意図による分類 ・面接場面での内容面，言語面，非言語面，社会文化的知識の違いの比較
コラム9　日本語の話し合い③〜反対意見を言う〜	・反対意見を言う ・丁寧さの原理
第10章　会話データ分析の研究計画からレポート・論文作成まで	・レポートや論文の全体の構成（論文タイトル，研究の目的，先行研究，調査の方法，分析，考察，結論，参考文献） ・研究計画の立て方（論文タイトル，研究の背景，会話の場面・種類，会話参加者，会話データの収集方法，分析の観点，研究の意義・社会的貢献など） ・先行研究の書誌情報のまとめ方（検索・引用の仕方など） ・先行研究のポイントのまとめ方（会話データ分析の文献情報リスト） ・調査の依頼の仕方（依頼書，同意書，説明文など） ・会話データの収集の仕方（準備，撮影，背景調査，会話感想シート，フォローアップ・インタビューなど） ・会話データの分析の仕方（データの管理，文字化資料作成，Excelの活用など） ・発表資料のアウトラインの書き方 ・レポートや論文の本文の書き方 ・提出前の確認事項（チェックリスト）
コラム10　会話データ分析を実践研究に活用する	・実践研究
コラム11　「話がはずむ」から「対話」へ	・教室談話分析 ・発話量の均衡 ・話題の専有 ・対話

会話ビデオ：URL リンク

※本書該当箇所の QR コードからもアクセスできます。

第 1 章	
1　初対面母語場面（三者会話）	https://www.youtube.com/watch?v=K6C3XyqaqOE
第 2 章	
2-1　初対面接触場面①（二者会話 J1&C1）	https://www.youtube.com/watch?v=EsRQxJYCrZQ
2-2　初対面接触場面②（二者会話 J2&C1）	https://www.youtube.com/watch?v=SOPiANom2JA
2-3　初対面接触場面③（三者会話 J1, J2, C1）	https://www.youtube.com/watch?v=IKG6mibdkF8
第 3 章	
3　話し合いの会話（良い例）	https://www.youtube.com/watch?v=qc8iW1Fq9iw
第 4 章	
4　誘いのロールプレイ会話 _ 断り 　（男性後輩 S →女性先輩 T）	https://www.youtube.com/watch?v=lfa9FVueYJl
第 5 章	
5-1　依頼のロールプレイ会話 衣装縫い _ 承諾 　（女性後輩 K →女性先輩 M）	https://www.youtube.com/watch?v=7da4wIff6J0
5-2　依頼のロールプレイ会話 衣装縫い _ 承諾 　（女性同期 K →女性同期 C）	https://www.youtube.com/watch?v=yUIZ1nIH8WM
5-3　依頼のロールプレイ会話 衣装縫い _ 承諾 　（女性先輩 K →女性先輩 R）	https://www.youtube.com/watch?v=DIodKeWUTm4
5-4　依頼のロールプレイ会話 引っ越し _ 承諾 　（女性後輩 K →女性先輩 M）	https://www.youtube.com/watch?v=SaKqMefn-fk
5-5　依頼のロールプレイ会話 引っ越し _ 承諾 　（女性同期 K →女性同期 C）	https://www.youtube.com/watch?v=AvL98wf8zWl
5-6　依頼のロールプレイ会話 引っ越し _ 承諾 　（女性先輩 K →女性先輩 R）	https://www.youtube.com/watch?v=WMF1TGYVevk
第 6 章	
6-1　インタビュー会話 A（剣道部）	https://www.youtube.com/watch?v=oPCQOolhN6E
6-2　インタビュー会話 B（少林寺拳法部）	https://www.youtube.com/watch?v=wwDMfvy5-5k
第 7 章	
7　話し合いの会話（悪い例）	https://www.youtube.com/watch?v=4OWsf_lJiCs
第 8 章	
8-1　留学の体験談の会話	https://www.youtube.com/watch?v=f9yXvBXv5Kl
8-2　留学の体験談のスピーチ（奈美）	https://www.youtube.com/watch?v=92SrOvuSmT4
8-3　留学の意義の話し合い	https://www.youtube.com/watch?v=NWkhOXPoEzl
第 9 章	
9-1　インターンシップ面接 A（チョウ）	https://www.youtube.com/watch?v=yC4inkd6PB0
9-2　インターンシップ面接 B（ライ）	https://www.youtube.com/watch?v=c_xD2r1jFHY

目　　次

第1章 初対面会話（母語場面）の話題転換の分析

1 考えてみましょう！

(1) 日常生活では，どのような場面で，何のために，会話をするでしょうか。

(2) 初対面の人と会話をする時は，どのような場面で，何について話しますか。

(3) 初対面会話では，積極的に相手に質問をしたり，自分のことを話したりするほうですか。
  例えば，今の仲のいい友人とはじめて話した時は，どちらがどのように話しましたか。

(4) 初対面会話では，どのようなことに気をつかって話しますか。もしくは，会話がはずんだり，
  うまくいかなかったりなど，印象に残っていることはありますか。

2 会話データを分析しましょう！

(1) 会話データの文字化資料を読んでみましょう。会話の文字化の規則は，研究の目的によって異なります。今回は，表1-1の文字化表記方法で作成した文字化資料を見て，話題区分を行います。

表1-1　文字化表記方法

—	母音の引き延ばし	（　）	不明瞭な発話
[	同時発話の開始部分	××	聞き取り不能発話
↑	上昇イントネーション	{　}	笑いながらの発話
,	1秒未満のごく短い区切れ	〈　〉	非言語行動や発話以外の特記事項など
(1)	1秒以上の沈黙の秒数		
=	発話の継続を示す。1と2の番号は先行発話と継続する発話を意味する。 1と2の間に他者の発話が入ることもある。 1 真紀　〇〇〇〇〇〇〇〇〇〇〇〇〇〇〇〇〇〇〇 2 真紀＝〇〇〇〇〇		
	同時発話とならなかったあいづち的な発話は，先行発話の話し手の下段に記す。 1 真紀　〇〇〇〇〇 2 咲希　　　　　　　　うん 3 真紀　〇〇〇〇〇		

会話データの設定：
初対面の七海，郁恵，夏代が会話をしています。3人とも同じ大学の3年生ですが，学科や専門は異なります。3人には特別に何かを指示することはなく，自由に話すようお願いしました。会話は20分程度でしたが，文字化資料と会話ビデオは冒頭の7分程度です。

会話ビデオ
リンク

七海：日本語日本文学科（専門：日本語学）
郁恵：歴史文化学科（専門：西洋美術）
夏代：現代教養学科（専門：都市社会学）

（2）初対面会話のビデオを見て，話題区分の分析をしてみましょう。

タスク1

　ビデオを見ながら文字化資料に赤ペンで話題が変わったところ（「話題の切れ目」の欄）に線を引いてください。

　　・話題が大きく変わったところは，二重線を引きます（大話題）。

　　・話題が小さく変わったところは，一重線を引きます（小話題）。

　　※なお，一重線，二重線の他に，直線と波線などで区別してもいいです。

タスク2

　文字化資料の左端の欄に，それぞれの話題のタイトルを付けて記入してください。

〜・〜では，会話ビデオを見ます〜・〜

（3）話題区分の位置と話題タイトルをグループで検討しましょう。

タスク1

　どこで話題を区切ったか，どのような話題タイトルを付けたか確認してください。

　その区分の位置と話題タイトルの理由についても話し合ってください。

タスク2

　グループで話し合った話題区分と話題タイトルの結果を，赤とは違う色のペンで文字化資料の「話題の切れ目」と「話題タイトル」の欄に上書きしてください。最初の区分と話し合いによる区分を区別するためです。

　　・大きい話題（大話題）の始まりに「大」，小さい話題（小話題）の始まりに「小」と書いてください。

　　・区切った理由も文字化資料の余白に簡単に書いてください。

タスク3

　グループでの話し合いの結果をクラスで報告してください。

（4）話題区分の認定を行った基準について話し合いましょう。

　グループで話し合った（3）は，話題区分の認定基準に繋がります。どのような基準でしょうか。話題区分が確定したら，その話題区分の開始部と終了部には，どのような特徴が観察されるか文字化資料を見て考えてみましょう。

　　①認定基準

　　②話題開始部の特徴

　　③話題終了部の特徴

（5）話題区分の認定で，難しかったところ・判断の違いが見られたところについて話し合ってください。

タイトルを記入
・大話題のタイトル
・小話題のタイトル

話題の切れ目を記入
・大話題：二重線
・小話題：一重線

話題タイトル	話題の切れ目	番号	発話者		発話
		1	七海		じゃあ今日はお願いし［まーす
		2	郁恵		［お願いしまーす
		3	夏代		［お願いしまーす
		4	七海		お 2 人何学科ーの方で
		5	郁恵		私はー歴史文化学科
		6	七海		歴史文化学科
		7	郁恵		はい
		8	夏代		私は現代教養学科です
		9	七海		あー
		10	郁恵		何学科で
		11	七海		私日文学科です
		12	郁恵		あ日文
		13	七海		なんか 1 人だけ，スルーしちゃって［〈笑〉
		14	郁恵		［〈笑〉
		15	夏代		［〈笑〉
		16			(2)
		17	七海		あ，なんか歴史文化学科の
		18	郁恵		はい
		19	七海		方だとーゼミ，とかってもう
		20	郁恵		あ，なん，なんか歴文って
		21	七海		うん
		22	1	郁恵	結構いろんなジャンルがあってー考古学だったりとかもちろん
		22	2	郁恵　=	日本史西洋史なんですけど，私は西洋史が好きで，
		22	3	郁恵　=	さらに美術が好きなんで，西洋美術史をー
		23	夏代		あー
		24	郁恵		主に研究してて，卒業論文も，そのールネッサンスの
		25	七海		うんうん
		26	郁恵		あの頃ー活躍したーブリューゲルっていう画家について，やろうと思っています〈笑〉
		27	夏代		へー〈笑〉
		28	郁恵		〈笑〉
		29	夏代		ぶりゅー，え，なんでぶりゅ，ぶ
		30	郁恵		うんうん
		31	夏代		〈笑〉ぶりゅ
		32	七海		ぶ［ブリューゲル〈笑〉
		33	郁恵		［ブリューゲル〈笑〉
		34	夏代		が
		35	郁恵		ん
		36	夏代		を，な，なん，［したの
		37	七海		［選んだ↑
		38	夏代		そうそうそうそうそう
		39	1	郁恵	ブリューゲルって，なんかすごい滑稽な絵かく，ことで有名なんだけど，
		39	2	郁恵　=	今度調べて見てみて［ほしいんだけど
		40	夏代		［あーうん
		41	郁恵		なんか，人々のなんだろう，なんか，変な皮肉ったところとかー
		42	夏代		うんうん
		43	郁恵		あと結構ことわざが好きでー
		44	七海		うんうんうん
		45	1	郁恵	ことわざを取り入れた絵をいっぱいかいたり［するから
		46	七海		［うんうんうん
		45	2	郁恵　=	なんか農民の生活で結構［有名な画家なんだけどー
		47	七海		［うんうん
		45	3	郁恵　=	あのー私はどっちかっていうとなんかイソップ物語とかー
		48	七海		うんうんうん
		49	1	郁恵　=	グリム童話とかも好きだから，そういう寓話とかと掛け合わせた絵を，
		49	2	郁恵　=	主に見ていきたいと思ってて，でテーマにする，一番のテーマにする絵のー
		49	3	郁恵　=	名前がなめ，怠け者の天国っていう
		50	七海		ふーん
		51	夏代		ふーん
		52	郁恵		そ，そういう絵なん
		53	夏代		へー
		54	郁恵		現代は↑
		55	夏代		現代はー［〈笑〉
		56	郁恵		［〈笑〉
		57	七海		色々何でも［やるって感じ
		58	郁恵		［〈笑〉
		59	夏代		［そうそうそうそうそう

60		夏代		えっとで，とりあえずまずー
61		郁恵		ん
62		七海		ん
63		夏代		3つに分かれててー
64		郁恵		ん
65		夏代		ソーシャルとー
66		郁恵		うん
67		夏代		メディアとー，グローバル〈笑〉
68		郁恵		うんうん
69		七海		ソーシャルと，［メディア〈笑〉
70		夏代		［メディ{アとそうそうそう}
71		郁恵		ソーシャルとメディアと［グローバル
72		夏代		［グローバルに分かれてー
73		郁恵		うん
74		夏代		で私はソーシャル↑
75		郁恵		うん
76		七海		うんうんうん
77		夏代		所属しててーでそこでもまたー何個かあって，何個かって4つなんだけどー
78		郁恵		［うん
79		七海		［うんうん
80		夏代		な，なんか［環境系とかー
81		郁恵		［〈咳〉
82		七海		うん
83		夏代		あとは社会学，系とかに分かれててー
84		郁恵		うん
85		夏代		で私は社会学の方で，都市↑
86		郁恵		うん
87		夏代		都市社会，なんかかっこよく言うと
88		郁恵		うん
89		夏代		都市社会学
90		郁恵		うんうんうんうん
91		七海		うんうんうん
92		夏代		かっこ，よくない感じで言うとあのなんか商店街とかのー［イベントとかのー
93		郁恵		［うん，うん
94		夏代		に参加してー
95		郁恵		うん
96		夏代		まちづくりっていうのを［見てこう
97		郁恵		［うん
98		郁恵		かっこいいじゃん［〈笑〉
99		夏代		［〈笑〉
100		七海		［〈笑〉
101		夏代		［そんな感じ，うん
102		七海		［じゃーなんかだーい学の方のなんかプロジェクト，企画↑
103		夏代		あー
104		七海		え，な，なんかよく商店街とー
105		夏代		あーそうそうそう，なんか
106		七海		まじコラボしましたみたいな〈笑〉
107		郁恵		［〈笑〉
108		夏代		［〈笑〉
109		夏代		そうそうそうそういうのやってたりー
110		郁恵		うん
111		夏代		あのーー何だっけ，何とか通り，出てこない
112		七海		○○↑
113		夏代		あーそうそうそう○○↑○○だったかな
114		七海		あごめんすごい適当に言ってる［〈笑〉
115		夏代		［〈笑〉
116		夏代		た，たぶんそこそこら［辺でー，なんかそのー○○○，とかいう
117		七海		［私の知ってる通り　　　　　うん
118		郁恵		うん
119		夏代		イベントに参加しててーー緒に手伝ったりとかー
120		郁恵		うん
121	1	夏代		あとパン祭り↑，大きいイベントだとパン祭り［○○○○○のー
122		七海		［うんうんうん
123		郁恵		［うんうんうん聞いたことある
121	2	夏代	=	スタッフに所属してーお手伝いみたいな
124		七海		ふーん
125		夏代		ことを［してたりする
126		郁恵		［へーいいねー↑
127		夏代		［〈笑〉
128		郁恵		［〈笑〉
129		七海		なんか

130		郁恵	楽しそう
131		夏代	楽しいけど大変 ［〈笑〉
132		郁恵	［そうだよね体力 ［使いそう
133		夏代	［そうそうそう
134		七海	それっていつ頃から始めてー↑
135		夏代	ゼミ活動↑
136		七海	うんなんかそのパン，パンとか
137		夏代	あーパンとかは，その大体ー
138		七海	うんうん
139		夏代	そのー4月にゼミが始まるんだけどー
140		七海	うんうん
141	1	夏代	3年の4月↑そこでもう大体年間のイベント何が，あるとか
141	2	夏代	＝毎年同じようなの ［参加しててーでそこで
142		七海	［うんうんうん
143				〈1〉
144		夏代	何だろう，ま分担をしてー
145		郁恵	うん
146	1	夏代	パン祭りだと大体，夏休み前かな↑，ぐらいから動きはじめて，
146	2	夏代	＝今年は3色パンのコラボ↑
147		郁恵	うんうんうん
148		夏代	みたいなこともしててー，っていうのもあってちょっと早めから
149		七海	ふーん
150		夏代	動き出したのかなっていう感じ
151		七海	は始まるのはもうゼミーが
152		夏代	うん
153		七海	始まってから↑
154		夏代	あそうそうそうゼミが始まって，あこんなこともやるんだ ［みたいなもう
155		七海	［〈笑〉
156		郁恵	［〈笑〉
157		夏代	え，これもやんの↑，みたいな感じで，［みんな
158		郁恵	［大変だね↑
159		夏代	そうよく分かんないのにー
160		郁恵	［うんうん
161		七海	［ふーん
162		夏代	やるみたいな〈笑〉
163		七海	うんうん
164		夏代	なんか放り出される感じ ［〈笑〉
165		郁恵	［うんうんうんうん
166		七海	［〈笑〉
167		夏代	ちょっとここ行ってきて，みたいな，感じ
168		郁恵	そっか
169		七海	お疲れ様ですー
170		夏代	［〈笑〉
171		郁恵	［すごい，すごいなー
172		七海	うん
173		郁恵	日文は何してるの↑
174		七海	日文はー
175		郁恵	うん
176		七海	なんか，すごいイメージとして文学やってそうなイメージ
177		郁恵	うん
178		夏代	うんうん
179		七海	な，い↑，［か，かってに〈笑〉
180		郁恵	［うんあるあるある〈笑〉
181		夏代	［あるあるある〈笑〉
182		七海	［〈笑〉言わせた感じ，〈笑〉
183		郁恵	［〈笑〉
184		夏代	［〈笑〉
185		七海	なんかー主に
186		夏代	うん
187		七海	文学とあと日本語教育↑
188		郁恵	［うん
189		夏代	［うーん
190		七海	海外の人日本語教えますよっていうのとー
191		郁恵	［うん
192		夏代	［うん
193		七海	あとはまー日本語を極めるみたいな↑
194		郁恵	うん
195		七海	なんか日本語とはなんぞや↑
196		郁恵	うん
197		七海	みたいなことやってるーのが主に3つ分かれててー
198		郁恵	うん

199		七海		で私その日本語とは何ぞやのとこ〔なんだけどー
200		郁恵		〔おー
201		夏代		へー
202		七海		何やってるん｛だろうね｝
203		夏代		〈笑〉
204		郁恵		〈笑〉
205		郁恵		日本語とは
206		七海		うーん，なんかー
207		郁恵		うん
208		七海		言語絡んでれば何やってもいいよみたいな
209		郁恵		〔あー
210		夏代		〔へー
211		七海		ゼミだからー
212		七海		なんかあの今年ーやってるのが多いのはーあの歌詞研究↑
213		郁恵		うん
214		七海		なんか例えばーなんだけど，あのAKB↑
215		郁恵		うん
216		夏代		うん
217		七海		のーえっとーグループの
218		郁恵		うん
219	1	七海		なんか曲ーの，色んな，例えば夏曲だったらー毎年出てる夏曲のー
219	2	七海	=	歌詞を，ちょっとなんか機械分析かけて
220		郁恵		うん
221		七海		なんとなくここは感じ取って〈笑〉
222		夏代		〈笑〉
223	1	七海		なんか機械分析かけてでその結果出たー語句とか↑名詞とかからー
223	2	七海	=	AKBの夏曲の，傾向をー調査する〔みたいな
224		郁恵		〔へーすごい
225		夏代		〔へー
226		七海		そして心が豊かになるっていう〔〈笑〉
227		郁恵		〔ふーん
228		夏代		〔〈笑〉
229		郁恵		歌詞を通じて↑
230		七海		うーんなんか，あーこういう傾向があるんだなーみたいな
231		郁恵		ふーん
232		夏代		ふーん
233		七海		感じのー
234		七海		なんか例えば，も覚えてないんだけど
235		郁恵		〔うんうん
236		夏代		〔うん
237		七海		ちゃんと，AKBとSKEーをそこで比べるとー
238		郁恵		うん
239		七海		なんかAKBの方が結構きゃぴきゃぴした感じの，みんなでー
240		郁恵		うんうん
241		七海		やるような感じー
242		郁恵		うん
243		七海		に対してSKEの方がもうちょっとさわやかー
244		郁恵		うん
245		七海		で〔お嬢様って感じのー〔がなんか語句からも感じ取れるみたいな
246		夏代		〔へーー
247		郁恵		〔あーあーうんうん
248		七海		なんかAKBが海で日差しなのに対し
249		郁恵		うん
250		七海		SKEはーなんか風みたいな
251		郁恵		あ，〔なんか分かるかも，それ
252		夏代		〔えーー〈笑〉
253		七海		そう
254		郁恵		雰囲気が，PVとかで
255		七海		うんうん，そうなんかPVとかで結構〔(出て)
256		郁恵		〔うん，ね↑違うよね
257		夏代		ふーんそうなんだ
258		七海		そう
259		夏代		うん
260		七海		あのとりあえず分かりやすいとこで行くとそこら辺↑
261		夏代		あー
262		七海		かなーっていうのやっててー正直卒論とか全然〔考えてない
263		夏代		〔〈笑〉
264		郁恵		卒論，全然卒論がー
265		夏代		卒論ねー↑
266		郁恵		もう進まなくてさー

3　分析を振り返りましょう！

　今回の「初対面会話（母語場面）の分析」の感想，会話データを分析する際に気を付けたい点，今後の自身のコミュニケーションで気を付けたい点について書きましょう。

★今回分析したことを今後の自身の初対面会話（母語場面）に活かしてみましょう！

関連する文献

大場美和子（2012）『接触場面における三者会話の研究』ひつじ書房

大場美和子（2021a）「母語場面における二者と三者の初対面会話の話題開始と情報交換の分析―会話データ分析の手法を学ぶ教材開発をめざして―」『昭和女子大学大学院言語教育・コミュニケーション研究』15, 1–15. http://id.nii.ac.jp/1203/00006754/（2022 年 7 月 1 日）

大場美和子（2021b）「日韓接触場面における二者と三者の初対面会話の話題開始と情報交換の分析―会話データ分析の手法を学ぶ教材開発をめざして―」『日本語教育研究』55, 67–84. http://www.kaje.or.kr/html/sub04-04.asp（2022 年 7 月 1 日）

大場美和子・中井陽子（2020）「会話データ分析の初学者による話題区分の特徴の分析」『社会言語科学』22（2）, 62–77. https://www.jstage.jst.go.jp/article/jajls/22/2/22_62/_article/-char/ja/（2022 年 7 月 1 日）

鈴木香子（1995）「内容区分調査による対話の「話段」設定の試み」『国文目白』34, 76–84.

中井陽子（2003）「初対面日本語会話の話題開始部／終了部において用いられる言語的要素」『早稲田大学日本語研究教育センター紀要』16, 71–95. http://hdl.handle.net/2065/3469（2022 年 7 月 1 日）

中井陽子（2004）「話題開始部／終了部で用いられる言語的要素―母語話者及び非母語話者の情報提供者の場合―」『講座日本語教育』40, 3–26. http://hdl.handle.net/2065/3399（2022 年 7 月 1 日）

中井陽子（2012）『インターアクション能力を育てる日本語の会話教育』ひつじ書房

南不二男（1972）「日常会話の構造―とくにその単位について―」『月刊言語』1（2）, 108–115.

南不二男（1981）「日常会話の話題の推移―松江テクストを資料として―」藤原与一先生古稀御健寿祝賀論集刊行委員会編『方言学論叢 1―方言研究の推進―』三省堂, 108–115.

三牧陽子（1999）「初対面会話における話題選択スキーマとストラテジー―大学生会話の分析―」『日本語教育』103, 49–58.

三牧陽子（2013）『ポライトネスの談話分析―初対面コミュニケーションの姿としくみ―』くろしお出版

村上恵・熊取谷哲夫（1995）「談話トピックの結束性と展開構造」『表現研究』62, 101–111.

コラム1 日本語の雑談① 〜初対面の会話〜

友達を作りたいなら，皆，最初は必ず初対面の会話をする必要があります。しかし，相手のことがまだよく分からない初対面の関係の場合，どのようなことを話していいのか心配になることが多いと思います。

日本語母語話者の大学生の初対面会話を分析したところ，話題としては，主に，大学生活（授業，サークル活動，アルバイト，試験・単位，休暇，遊び），所属（学部，学年），居住（自宅，通学），共通点（知人，体験），出身（出身地，出身校），専門（研究テーマ，卒論，専攻），進路（就職，進学），受験などについて話されることが分かりました（三牧, 1999; 2013）。

一方，日本語母語話者の社会人の初対面会話では，アイデンティティ（自己紹介，年齢，結婚），仕事（通勤，週休，勤務先），共通点（体験），趣味・楽しみ（習い事，語学学習，遊び，新年会，テレビ番組），居住（居住地，出身地），キャリア（経歴，専門分野，資格試験，大学院，研究，外国語）などについて話されることが分かりました（三牧, 2013）。

このように，初対面の会話の話題は，大学生，社会人で少し変わりますが，相手のことを知りたい，自分のことを知ってほしいという気持ちは，どちらも同じだと思います。お互いを知るための話題を選べるようになることが重要だと言えます。ただし，プライベートやアイデンティティーに関わるようなことを質問しすぎたりして，相手に失礼にならないように気を付ける必要があるでしょう。

参考文献

三牧陽子（1999）「初対面会話における話題選択スキーマとストラテジー─大学生会話の分析─」『日本語教育』103, 49–58.

三牧陽子（2013）『ポライトネスの談話分析─初対面コミュニケーションの姿としくみ─』くろしお出版

関連する文献

中井陽子（2003）「話題開始部で用いられる質問表現─日本語母語話者同士および母語話者／非母語話者による会話をもとに─」『早稲田大学日本語教育研究』2, 37-54.
http://hdl.handle.net/2065/3496 （2022年7月1日）

考えてみましょう！

1. 初対面の会話では，世代や場面，言語・文化によって，話される話題がどのように違うでしょうか。
2. あなたは，初めて出会った人とどのような話題について話すでしょうか。

第2章　初対面会話（接触場面）の二者会話・三者会話の比較分析

1　考えてみましょう！

(1) 言語や文化が異なる人達と良い関係を持つためには，何が必要でしょうか。

(2) 日本語の非母語話者には，どのような話し方の特徴があるでしょうか。

(3) 母語話者同士の「母語場面」の初対面会話と，母語話者と非母語話者が参加する「接触場面」の
初対面会話の特徴の違いは何でしょうか。

・どのような話題が出やすいでしょうか。

・母語話者は，非母語話者のためにどのような配慮をするでしょうか。

(4) 自分が非母語話者として外国語を話す時，母語話者にどのように話してもらいたいですか。

2　会話データを分析しましょう！

(1) 初対面接触場面①（C1&J1）の会話ビデオを見て，以下の分析をしてみましょう（全9分42秒間）。

会話ビデオ
リンク

会話データの設定：
初対面の C1（中国人非母語話者，男性）と J1（日本語母語話者，女性）が 10 分程度，自由
に会話をしています。
C1 は，日本語を 2 年半程度勉強しています（上級レベル）。そのうち，1 年半は日本に留学し
ていました。
J1 は，ポーランドに 1 年間の留学経験があります。
会話後，2 人にそれぞれ個別に，録画した会話
ビデオを視聴しながらフォローアップ・インタ
ビュー（FUI）をして，会話中の意識を聞きま
した。また，「会話感想シート」【巻末資料6】
【巻末資料7】にもそれぞれ記入してもらい，
FUI で詳細を確認しました。なお，C1 は中
国語で，J1 は日本語で回答してもらいました。
C1 の中国語は和訳して示してあります。

C1：日本語非母語話者
大学院研究生

J1：日本語母語話者
大学3年生

タスク1

① どのような話題で話していましたか。また，誰がどのような質問をしていましたか。メモしましょう。

② C1 と J1 は，どのように話していましたか。会話への参加の積極性，参加の態度，発話量，発話ス
ピードなどの面から観察しましょう。

C1：

J1：

③ 2 人は，聞き手になる時，どのような言語行動・非言語行動をしていましたか。

言語行動：

非言語行動：

④ 2 人は，どのようなあいづちや評価的発話（コメント）を使っていましたか。

あいづち：

評価的発話：

タスク2

会話ビデオと表2-1を見て，初対面接触場面①（C1&J1）の会話の特徴（話題の内容・流れ，話題開始者／質問者，話題保持者，言語行動・非言語行動，会話中の意識）はどのようなものかについて，気づいた点や要点をまとめましょう。

特徴	メモ
①話題の内容・流れ	
②話題開始者／質問者	
③話題保持者	
④言語行動・非言語行動	
⑤会話中の意識	

表 2-1　話題・話題開始者・話題保持者・言語行動・会話中の意識：
初対面接触場面①（C1&J1）

カウンタ	主な話題	話題開始者	話題保持者	言語行動	会話中の意識（C1）	会話中の意識（J1）
00:01	会話開始の挨拶・自己紹介	J1	J1/C1	・はじめまして。（挨拶）	・相手をリラックスさせようと思って，ジョークで自分の名前の漢字の説明をした。	・「書道専攻」「研究生」の発音が聞き取れなかったが，相手に配慮して聞き返さなかった。
00:49 01:14	日本の生活 ―家族	J1	C1	・日本の生活もう慣れましたか。（質問）・1人暮らしですよね。・家族の方とかいらっしゃったりしますか。（質問）	・家族やコロナの話は中国語でたくさん話しているので，日本語でも話しやすかった。	・前の話題との繋がりを考えて，質問した。・「交換留学生」が聞き取れなかった。・コロナの話題で広がって良かった。
01:55	日本の研究生活 ―書道の資料	J1	C1	・大学での勉強は楽しいですか。（質問）・書道に関する資料ってどんなものがあるんですか。（質問）	・相手が聞く姿勢があり，話しやすい。	・最初の自己紹介で相手の専攻が聞き取れなかったので，聞こうと思っていた。ここでやっと「書道専攻」だと分かった。
03:21	旅行に行きたい場所	C1	J1	・どこに行きたいですか，旅行とか。（質問）	・次の話題を考えていて，この話題を選んだ。	・研究生活の話題をどう広げていいか考えていたが，相手に質問されて助かった。ただ，話題転換が急で，質問の意図が分からず，びっくりした。
03:40	ポーランドの生活 ―食べ物	C1	J1	・ポーランドの生活はどうでしたか。（質問）・食べ物は日本で全然違いますか。（質問）	・知らない語彙は相手の身振りで想像した。・パンと関連づけて質問した。・既有知識を使って推測して聞いていた。	・ポーランドでの留学経験については話しやすいと思った。・相手が質問してくれると話が続けられて助かり，ありがたかった。ポーランドの話から発展させて具体性のある質問をして興味を示してくれたので，嬉しかった。
05:33	日本の食事	J1	C1	・日本の食事好きですか。（質問）	―	・自分の話への反応も薄く，自分が結構話したので，次は相手に質問をして，聞き手に回ることにした。
07:10	日本の観光	J1	C1	・東京とかもうたくさん観光されましたか。（質問）	・自分も話題を探そうとしていたが，相手がたくさん質問してくるので，それに合わせた。	―
09:30	会話終了の挨拶	J1	C1	・日本の生活，これからも楽しんでください。（挨拶）	―	―

注：「話題保持者」とは，参加者の話題に関する情報量が相対的に多い者のことです。ただし，1つの話題の中で複数の参加者が共同で話題保持者となる場合は，複数の話題保持者を認定しました（大場, 2012; 佐藤他, 2022）。

タスク3

表 2-2 を見て，初対面接触場面①（C1&J1）の会話について気づいた点をメモしましょう。

①C1とJ1は，参加していた会話についてそれぞれどのように感じていたのか，要点をまとめましょう。

②①から初対面の接触場面（二者会話）で大切なことは何だと思いますか。

表 2-2　会話感想シート記述：初対面接触場面①（C1&J1）

C1 の会話感想：
・相手はとても優しく，会話もリラックスした雰囲気だった。
・相手がよく質問して話題を作ってくれたので，話しやすかった。
・相手がよく聞く姿勢があり，自分も安心して話したいことが話せた。
・相手がゆっくり話してくれたので，聞きやすかった。
・お互いに共通している日常生活の経験を持っているから，話しやすかった。
・会話の 98％程度理解できた。特に自分の体験，日常生活，観光地などの言葉は普段使っているため，ほぼ理解できた。ポーランドの話題でも，ポーランドに留学している友達がいるので，ある程度情報を持っているため，聞き取れた。
・時々理解できない語彙があった。例えば，ポーランドの話題で，気候，街並み，旧市街，じゃがいも，グルメなどが聞き取れなかった。

J1 の会話感想：
・互いに会話に積極的に参加して盛り上げようとしていたので，話しやすかった。
・沈黙を作らないようにしていた。
・C1 さんは終始，笑顔で，雰囲気が良かった。
・視線を向け，はきはき話し，笑ったりして，楽しそうに会話してくれた。
・非母語話者なのに，日本語でたくさん話してくれて印象がとても良かった。
・自分が質問して相手が答えるだけでなく，相手からも質問してくれた。
・自分は，なるべく難しい話題は避けて，相手が答えやすい質問をしようとした。
・自分は母語話者なので，なるべくゆっくり分かりやすく話し，会話をリードしようとした。

（2）初対面接触場面②（C1&J2）の会話ビデオを見て，以下の分析をしてみましょう（全 10 分 06 秒間）。

会話データの設定：
初対面の C1 と J2 が 10 分程度，自由に会話をしています。C1 は，初対面接触場面①（C1&J1）と同じ人です。J2 は，留学経験がありません。
初対面会話接触場面①（C1&J1）同様，会話後に FUI と「会話感想シート」に回答してもらいました。

会話ビデオ
リンク

C1：日本語非母語話者　大学院研究生　　　J2：日本語母語話者　大学 4 年生

タスク 1

　会話ビデオと表 2-3 を見て，初対面接触場面②（C1&J2）の特徴について，初対面接触場面①（C1&J1）と比べて，共通点・相違点を以下の表に記入しましょう。

特徴	共通点	相違点
①話題の内容・流れ		
②話題開始者／質問者		
③話題保持者		
④言語行動・非言語行動		

表 2-3　話題・話題開始者・話題保持者・言語行動：
初対面接触場面② （C1&J2）

主な話題	話題開始者／質問者	話題保持者	言語行動
会話開始の挨拶	J2	J2/C1	挨拶
会話参加者	J2	C1	確認要求（予定確認）
日本語能力	J2	C1	確認要求（ほめ）
日本に興味を持ったきっかけ	J2	C1	質問
会話時間の確認	J2	C1	質問
趣味	C1	J2	質問
今日の服装	J2	C1	質問
コロナの影響	C1	J2/C1	情報提供
会話終了の挨拶	J2	J2/C1	挨拶

タスク2

表 2-4 を見て，初対面接触場面② （C1&J2）の会話について気づいた点をメモしましょう。

① C1 と J2 は，参加していた会話についてそれぞれどのように感じていたのか，要点をまとめましょう。

②①から初対面の接触場面（二者会話）の会話で大切なことは何だと思いますか。

表 2-4　会話感想シート記述：初対面接触場面② （C1&J2）

C1 の会話感想：
・すごくリラックスした雰囲気で，楽しく話しやすかった。
・様々な話題について，相手が自分の感想などを交えてたくさん話してくれたので，興味が持てて，話しやすかった。特に，1 つの話題に対して日本人と中国人の考え方の相違点について話したので，興味深かった。
・会話の 95% 理解できた。特に，生活に関連する話題が多かったので，分かりやすかった。
・理解できなかった部分は，日常会話の話し言葉で，まだ学んだことがない表現などだった。また，相手が自分の趣味について話す時に，知らない単語があって理解できず，それについて全然話を続けられなかった。
・知らない単語が出てきた時は，今何について話しているのかを考えて，文脈から推測するようにした。
・書道の歴史の説明の時，中国語のロジックで話したので，相手にとって分かりにくいかもしれないと思った。
・自分の考え，気持ちをうまく伝えられなかった。

J2 の会話感想：
・相手の書道の研究の話は自分にとって新鮮で，興味を持って会話することができ，盛り上がった。
・相手は，終始にこやかで，目をしっかり見ながら会話するなど，非言語的な部分でこちらへの興味や親密さなどを示してくれたため，非常に話しやすくとても好感が持てた。
・何度か相手が発音した単語が分からない時があった。
・自分が質問する割合が高くなってしまい，初対面の会話として自己開示のバランスに偏りが出てしまったように感じた。
・自分も無意識に言い回しを少し簡略化して，相手に分かりにくい時があったように思う。
・相手がとても親しみやすい雰囲気を持っていたため，話しやすいと感じた反面，撮影した会話のビデオを後から見ると，日本人同士とあまり変わらない話し方をしてしまっていたため，結果として相手にとって理解しづらい表現を増やしてしまっていたかもしれないと思った。

（3）初対面接触場面③（C1，J1，J2）の会話ビデオを見て，以下の分析をしてみましょう（全10分44秒間）。

会話データの設定：
初対面のC1とJ1，J2が10分程度，自由に会話をしています。3人は，初対面接触場面①（C1&J1），初対面接触場面②（C1&J2）と同じ人です。初対面会話接触場面①（C1&J1）同様，会話後にFUIと「会話感想シート」に回答してもらいました。

会話ビデオリンク

タスク1

会話ビデオと表2-5を見て，初対面接触場面③（C1，J1，J2）の特徴について，初対面接触場面①（C1&J1），初対面接触場面②（C1&J2）と比べて，共通点・相違点を以下の表に記入しましょう。

特徴	共通点	相違点
①話題の内容・流れ		
②話題開始者／質問者		
③話題保持者		
④言語行動・非言語行動		

表2-5　話題・話題開始者・話題保持者・言語行動：
初対面接触場面③（C1，J1，J2）

主な話題	話題開始者／質問者	話題保持者	言語行動
会話開始の挨拶	J2	J1/J2/C1	挨拶
前の会話と今の会話	J2	J1/J2/C1	質問
大学の春休み	J1	C1	質問
春休みにやっていること	J1	J1/J2	質問
出身地の島根	J1	J2	質問
出身地の平頂山市	J2	C1	質問
春休みにやっていること	J1	J1	情報提供
就活へのコロナの影響	J2	J1	質問
会話終了の挨拶	J2	J1/J2/C1	挨拶

タスク2

表2-6を見て，初対面接触場面③（C1，J1，J2）の会話について気づいた点をメモしましょう。

①C1，J1，J2は，参加していた会話についてそれぞれどのように感じていたのか，要点をまとめましょう。

②①から初対面の接触場面（三者会話）の会話で大切なことは何だと思いますか。特に，話題保持者になる人の均等性や協力姿勢，母語話者2人だけで話すこと，母語話者2人が協力して非母語話者に日本語や社会文化的な知識を説明することなどの点から考えてみましょう。

表2-6　会話感想シート記述：初対面接触場面③（C1，J1，J2）

> C1 の会話感想：
> ・二者会話よりもっと会話が盛り上がっていた。
> ・J2 の方が積極的に話題提供をし，自分の考えをたくさん話してくれた。J1 と自分は聞き手の役割だった。
> ・会話の 80% 理解できた。日本人同士の話はスピードが速いし，話し方もまだ慣れていないため，理解できない部分が多かった。そのため，二者会話の方が理解しやすかった。
> ・特に，地名，出身地の話題の時は，知らない単語が多くて一番難しく，J1 と J2 が説明してくれても分からなかった。
> ・聞き手になって J1 と J2 の話を聞けて嬉しかった。出身地の話題は理解できなかったが，身振りなどを見ながら，頑張って理解しようとしていたので，勉強になった。
> ・自分はあまり話していないが，話したところは分かってもらえたと思う。
>
> J1 の会話感想：
> ・3 人で会話に参加し，会話を作り上げていくという共通理解があり，まとまりがあったと思う。
> ・3 人の共通項（例：学生の立場，春休み，出身地）を話題にできた。
> ・J2 がとりあえず司会者的な役割をしようとしてくれた。
> ・C1 には分からないかもしれないことを話してしまった（例：地名）。
> ・C1 は，母語話者同士の会話を聞き返しなどで遮らないようにしながら，推測して理解しようと参加していた。
> ・C1 への配慮が足りなかったかもしれない。母語話者同士で盛り上がると，言語の壁で溝が深まるので良くなかった。
>
> J2 の会話感想：
> ・C1 と J1 は笑顔で話しやすかった。
> ・C1 と J1 は，目線や質問，あいづちなどからお互いのことに興味を持っており，仲良くしたいという気持ちを感じた。そのため，積極的に会話に参加して盛り上げようとしてくれている印象を持った。
> ・自分も興味を持って会話に参加できた。
> ・初対面同士という状況下のため，お互いのことを知るという点で，話す人が特定の人に偏りすぎることがなく，全員が話す機会を持てたのは良かったと感じる。
> ・後で会話ビデオを見返してみて，全体的に C1 に対する解説や話し言葉の調整が少なかったように感じた。
> ・C1 に対して気遣いを持ったつもりだったが，C1 の雰囲気や態度，適切な反応から，会話全体をかなり理解している印象を持ってしまい，それが結果的により調整されていない母語話者間での会話になってしまったと思う。

3　確認しましょう！

　接触場面の会話では，非母語話者が日本語を用いて参加する努力をするだけでなく，表2-7のように，母語話者も会話が円滑に進むように配慮・調整する必要があります。例えば，母語話者は，非母語話者が分かりやすいように「語彙選択」や「話題選択」をしたり，分からない語彙の意味を確認する「意味交渉」を行ったりする他，単語の説明をする「メタ言語表現」や「ジェスチャー」などを使います。あるいは，非母語話者がたくさん話して会話を楽しめるように，質問をしたり情報を提供したりして会話が続くように「話題維持」し，誰がどのぐらい話すか「発話量管理」を行うこともあります。このような母語話者の調整行動は，フォリナートークとも呼ばれています。さらに，母語話者には，「相手の文化の理解・興味」「楽しい場づくり」や，会話中の飲食などの「実質行動への配慮」も必要でしょう。このような非母語話者と母語話者の「歩み寄りの姿勢」が重要であると言えます。

表 2-7　母語話者からの「歩み寄りの姿勢」の例（中井, 2012, p.128 抜粋）

語彙・文法・音声	語彙選択，意味交渉，発話スピードなど
コミュニケーション	話題維持，発話量管理，話題選択，メタ言語表現，ジェスチャーなど
態度・行動	相手の文化の理解・興味，楽しい場づくり，課題解決，実質行動への配慮など

4. 分析を振り返りましょう！

　今回の「初対面会話（接触場面）の二者会話と三者会話の比較分析」の感想，さらに分析したい点，今後の自身のコミュニケーションで気を付けたい点について書きましょう。

　★今回分析したことを今後の自身の初対面会話（接触場面）に活かしてみましょう！

関連する文献

大場美和子（2012）『接触場面における三者会話の研究』ひつじ書房

大場美和子（2021）「母語場面における二者と三者の初対面会話の話題開始と情報交換の分析―会話データ分析の手法を学ぶ教材開発をめざして―」『昭和女子大学大学院言語教育・コミュニケーション研究』15, 1–15. http://id.nii.ac.jp/1203/00006754/（2022 年 7 月 1 日）

佐藤茉奈花・夏雨佳・中井陽子（2022）「日中初対面接触場面の二者会話と三者会話に関する事例分析―話題開始の発話とフォローアップ・インタビューから見る非母語話者の理解・参加の比較―」『社会言語科学』24(2), 21–36.

中井陽子（2002）「初対面母語話者／非母語話者による日本語会話の話題開始部で用いられる疑問表現と会話の理解・印象の関係―フォローアップ・インタビューをもとに―」『群馬大学留学生センター論集』2, 23–38.

中井陽子（2010）「第 3 章 作って使った後で」尾﨑明人・椿由紀子・中井陽子著　関正昭・土岐哲・平高史也編『日本語教育叢書「つくる」　会話教材を作る』スリーエーネットワーク, 191–216.

中井陽子（2012）『インターアクション能力を育てる日本語の会話教育』ひつじ書房

中井陽子・夏雨佳（2021）「談話技能教育における「研究と実践の連携」の循環プロセス―中国人日本語学習者と日本人学生が参加するオンライン会話倶楽部の活用に焦点を当てて―」『東京外国語大学国際日本学研究』1, 84–102. http://repository.tufs.ac.jp/handle/10108/100121（2022 年 7 月 1 日）

中井陽子・丁一然・夏雨佳（2022）「オンライン日中交流会の利点と留意点―日本留学を目指す中国人学習者と日本の学部・大学院生の感想の分析をもとに―」『東京外国語大学国際日本学研究』2, 113–136. http://repository.tufs.ac.jp/handle/10108/117206（2022 年 7 月 1 日）

三牧陽子（1999）「初対面インターアクションにみる情報交換の対称性と非対称性」吉田彌壽夫先生古稀記念論集編集委員会編『日本語の地平線―吉田彌壽夫先生古稀記念論集―』くろしお出版, 363–376.

楊虹（2005）「中日接触場面の話題転換―中国語母語話者に注目して―」『言語文化と日本語教育』30, 31–40. https://teapot.lib.ocha.ac.jp/record/38734/files/04_031-040.pdf（2022 年 7 月 1 日）

楊虹（2007）「中日母語場面の話題転換の比較―話題終了のプロセスに着目して―」『世界の日本語教育』17, 37–52. http://doi.org/10.20649/00000379（2022 年 7 月 1 日）

Nakai, Yoko Kato（2002）Topic shifting devices used by supporting participants in native/native and native/non-native Japanese conversations. *Japanese Language and Literature*. 36(1), 1–25. https://www.jstor.org/stable/pdf/3250876.pdf（2022 年 7 月 1 日）

コラム2　日本語の雑談②　～聞き手の役割～

　日本語の会話能力を身に付けるためには，話す練習をするだけでいいのでしょうか。会話というものは，会話する人同士の協力が必要です。1人が話しているのに，もう1人がスマートフォンを触っていて何も反応しない場合，話している人は嫌な気持ちになり，それ以上話したくなくなるかもしれません。これでは，会話が成立しません。

　特に，日本語の会話では，聞き手の役割がとても重要です。メイナード（1993）によると，英語の会話より，日本語の会話の方が聞き手の用いる「あいづち」が2倍程度も多かったそうです。日本語のあいづちは，例えば，「ええ」「ああ」「はい」「そうですか」「なるほど」など，多くのバリエーションがあります。あいづちの他にも，聞き手は，繰り返し，言い換え，評価的発話，質問表現などの言語行動，および，うなずき，視線，笑い，眉の動き，手を口に当てる，姿勢の変化などの非言語行動によって，話し手の話に反応し，聞いているというシグナルを送っています。

　一方，話し手も聞き手の反応がもらえるように話す必要があります。もし，話し手が聞き手の反応も気にせず，一方的に自分の話したいことだけを一気に話したら，聞き手は話が理解できないばかりか，自分が話に参加できないため，興味も持つことができないでしょう。聞き手の反応が十分に得られるように，話し手は，色々な方法を使います。例えば，話している途中にポーズを置いて聞き手が理解できるようにする，終助詞「ね」「よね」や「でしょ？」を用いて聞き手の同意を得る，目線や笑顔，うなずきなどで聞き手の注目を集めるなどの方法です。この他にも，聞き手が興味を持ちそうな話題を選ぶ，ユーモアを入れるなどすることで，聞き手の良い反応が得られると言えます。

　このような日本語の会話の特徴は，「共話」（水谷, 1988; 1993）と言われています。つまり，話し手と聞き手が協力し合って会話をすることで，共に会話を構築しているという連帯感が高まると考えられているのです。

参考文献

水谷信子（1988）「あいづち論」『日本語学』7(13), 4–11.

水谷信子（1993）「「共話」から「対話」へ」『日本語学』12(4), 4–10.

メイナード，泉子・K（1993）『日英語対照研究シリーズ（2）会話分析』くろしお出版

関連する文献

相場いぶき・中井陽子（2010）「会話授業におけるストーリーテリングの分析―聞き手を引き込むために話し手が用いる言語的・非言語的・音声的要素―」『日本語教育方法研究会会誌』17(1), 70–71.
　　https://www.jstage.jst.go.jp/article/jlem/17/1/17_KJ00008197343/_pdf（2022年7月1日）

中井陽子（2012）『インターアクション能力を育てる日本語の会話教育』ひつじ書房

中井陽子（2003）「初対面日本語会話の話題開始部／終了部において用いられる言語的要素」『早稲田大学日本語研究教育センター紀要』16, 71–95.
　　http://hdl.handle.net/2065/3469（2022年7月1日）

Nakai, Yoko Kato（2002）. Topic shifting devices used by supporting participants in native/native and native/non-native Japanese conversations. *Japanese Language and Literature*. 36(1), 1–25.
　　https://www.jstor.org/stable/pdf/3250876.pdf（2022年7月1日）

考えてみましょう！

1. あなたは日本語やその他の言語で会話する時，聞き手としてどのような反応をすることが多いでしょうか。話している場面や会話相手，会話内容などを思い出してみましょう。反応の仕方で何か違いがありますか。
2. 日本語母語話者と非母語話者が話す時，または日本語母語話者が外国語で話す時，聞き手の反応によって，どのような誤解が起きると考えられますか。

◆プロジェクト　自身の雑談を分析してみましょう！

1　自身の雑談を撮影しましょう！

（1）グループを作ってください（3〜5人程度）。

（2）ビデオカメラ（または，タブレット，スマートフォン，オンライン会議システムなど）で，雑談の会話の様子を5分間程度撮影してください。

・他のグループの会話が入らないような場所に移動してください。

・会話をする人と，撮影をする人を決めてください。人数が多い場合，1〜2人は会話に参加せず，会話を観察してもいいです。

・雑談の内容は自由です。

（3）会話を撮影した後，「会話感想シート」（【巻末資料6】，または提出用ワークシート）に，会話に参加した感想，会話を観察した感想を記入しましょう。

・会話の全体的な印象

・会話相手の印象

・会話で良かった点，うまくいった点

・会話で難しかった点，違和感を覚えた点

・その他，感想

2　グループで分析しましょう！

（1）会話を撮影したグループに分かれてください。

（2）「会話感想シート」に記入した会話の感想を確認し合いながら，気づいたことをメモしましょう。

（3）撮影した会話ビデオを見ながら，話題タイトルを付けて，話題の流れを分析しましょう。

　第1章「2.会話データを分析しましょう！」の話題区分の手順を参考に行ってください。

（4）話題転換部（話題開始部と話題終了部）の特徴を分析しましょう。

（5）会話ビデオを見ながら，フォローアップ・インタビュー（FUI）をしましょう。

　表2-8の質問項目を参考にして，お互いに気になったところを質問しましょう。

　ビデオカウンター数もメモしておきましょう。

表2-8　フォローアップ・インタビュー（FUI）の質問項目

・なぜ質問や発話をしたか。 ・なぜ話題を開始・終了したか。 ・なぜあいづち，コメントをしたか。 ・なぜ非言語行動をしたか。 　（例：笑い，うなずき，ジェスチャー，姿勢の変化，足の動きなど） ・なぜ沈黙したか，言いにくそうにしていたか。 ・何を考えていたか。

3　グループで分析の発表をしましょう！

（1）表2-9の発表内容を準備しましょう。発表は，グループで分担して資料（例：会話ビデオ，スライド，レジュメ，文字化資料など）を見せながら，分かりやすく行いましょう（1グループ10分程度）。

表2-9　グループ分析の発表内容

①会話参加者の人数・属性・人間関係，会話した場所，会話時間
②「会話感想シート」のコメントで興味深かったこと
③話題の流れ（話題タイトル）
④話題転換部の特徴＋会話例をビデオで見せる（カウンター数のメモを
　しておく）
⑤FUIで興味深かったこと＋会話例をビデオで見せる（カウンター数の
　メモをしておく）

(2) 各グループ発表の後，質疑応答しましょう。

4　分析を振り返りましょう！
(1) FUIをしてみた感想，された感想を書きましょう。
　・全体的な印象，感じた点，気になった点
　・難しかった点
　・分析のための利点など
(2) グループ発表後の感想と，今後分析したい点を書きましょう。

★自分や他者の会話参加の仕方を客観的に分析して，今後のコミュニケーションの参考にしましょう！

関連する文献
中井陽子（2002）「初対面母語話者／非母語話者による日本語会話の話題開始部で用いられる疑問表現と会話の理解・
　　印象の関係―フォローアップ・インタビューをもとに―」『群馬大学留学生センター論集』2, 23-38.
中井陽子（2012）『インターアクション能力を育てる日本語の会話教育』ひつじ書房

第3章　会話データの文字化の方法

1　確認しましょう！

　基本的な文字化の方法（文字化表記方法や改行ルールなど）を確認しましょう。文字化表記方法や改行ルールは様々あり，研究目的や分析観点によって，変える必要があります。自身の分析には，どのような文字化の方法が良いか十分検討し，文字化の表記や改行のルールを決めて，統一して使うようにしましょう。

(1)　文字化表記方法

　本章では，表3-1の文字化表記方法を1つの例として取り上げます。表3-1は，ザトラウスキー（1993）をもとに，非言語行動の表記などを追加した中井（2003; 2012）などで用いている文字化表記方法です。本書の他の章でも，主にこの文字化表記方法を用いて，文字化資料を提示します。なお，第1章は，また別の文字化表記方法なので，参考にしてください。他にも様々な文字化表記方法があるので，確認しましょう。

表3-1　文字化表記方法（ザトラウスキー, 1993; 中井, 2003; 2012）

。	下降調か平調のイントネーションで文が終了することを示す。		
，	ごく短い沈黙，あるいはさらに文が続く可能性がある場合の「名詞句，副詞，従属節」等の後に記す。		
？	疑問符ではなく，上昇調のイントネーションを示す。		
—	「—」の前の音節が長く延ばされていることを示す。		
//	// の後の発話が次の番号の発話と同時に発せられたことを示す。		
(1.0)	沈黙の秒数を示す。		
{　}	{　}の中の行動は，非言語的な行動の「笑い」等を示す。		
(　)	聞き取りにくい発話を示す。	(XXX)	聞き取り不能の発話を示す。
H	大きな頭の動きを示す。	h	小さな頭の動きを示す。

(2)　文字化の改行ルール

　文字化の改行ルールは，会話をどのような単位（発話，ターンなど）で切って記述するかによって異なります。改行の仕方には，「①発話の単位での改行」（話者の音声言語連続を重視するもの），「②文の単位での改行」（意味的な単位・情報量などの面を重視するもの），「③ターンの単位での改行」（誰が主に話しているかを見やすくするもの）など，様々なものがあります。

①発話の単位での改行

　「発話」とは，「ひとりの参加者のひとまとまりの音声言語連続（ただし，笑い声や短いあいづちも含む）で，他の参加者の音声言語連続（同上）とかポーズ（空白時間）によって区切られるごとに1単位と数えようとする単位」（杉戸, 1987, p.83）です。この「発話」という単位は，音声言語の連続という観点から区切ります。そのため，文法的に見ると，文，文節，語の単位で切られる短い発話もあれば，2つ以上の文が続く長い発話になる場合もあります。会話における会話参加者同士の実際の音声上のやり

取りを重視した区分の仕方だと言えます。

　表 3-2 のように，「発話」は，「実質的な発話」と「あいづち的な発話」の 2 種類があるとされています。「あいづち的な発話」をどのように記述するかも，文字化表記方法によって異なります。

表 3-2　あいづち的な発話と実質的な発話（杉戸, 1987, p.88）

あいづち的な発話	「ハー」「アー」「ウン」「アーソーデスカ」「サヨーデゴザイマスカ」「エーソーデスネー」などの応答詞を中心にする発話。先行する発話をそのままくりかえす，オーム返しや単純な聞きかえしの発話。「エーッ！」「マア」「ホー」などの感動詞だけの発話。笑い声。実質的な内容を積極的に表現する言語形式（たんなるくり返し以外の，名詞，動詞など）を含まず，また判断・要求・質問など聞き手に積極的なはたらきかけもしないような発話。
実質的な発話	あいづち的な発話以外の種類の発話。なんらかの実質的な内容を表す言語形式を含み，判断・説明・質問・回答・要求など事実の叙述や聞き手へのはたらきかけをする発話。

　「発話」の単位で改行した文字化資料は，例（1）のようになります。各発話に通し番号と話者名（仮名や記号）を付けます。

> 例（1）音声言語の連続で発話を改行する
>
> 6Y：国際交流会ですよねー。
>
> 7M：う // ん。
>
> 8I：　　　そもそも誰が参加するんですか？誰が参加するかで目的も変わってくると思うんですけど。
>
> 9M：んっとー，スタッフはー，僕ら 4 人。

②文の単位での改行

　「発話文」という単位で，「ひとりの話者による「文」を成していると捉えられるもの」として，文字化中の発話の改行ルールを設定しているものもあります（宇佐美, 2019, p.2）。この改行ルールでは，話者が交替するたびに改行しますが，話者が交替していなくても，同じ話者の複数の発話文が続く場合も改行します。詳しくは宇佐美（2019; 2020a）を参照してください。

　発話文の単位で改行した文字化資料は，例（2）のようになります。ここでは，8I と 9I が同一話者 I の連続した発話ですが，2 つの文から成るため，2 つの行に区切ってあります。

> 例（2）文の単位で改行する
>
> 6Y：　　国際交流会ですよねー。
>
> 7M：　　う // ん。
>
> 8I：　　　　そもそも誰が参加するんですか？
>
> 9I：　　誰が参加するかで目的も変わってくると思うんですけど。
>
> 10M：んっとー，スタッフはー，僕ら 4 人。

③ターンの単位での改行

　「ターン」とは，1 人の参加者が話を開始してから終了するまでの連続した単位で，本筋の話に関係する実質的な発話から構成されており，あいづち的な発話やうなずきはターンに含めません（中井, 2003）。「ターン」は，「実質的な発話」にも近い概念ですが，文字化を行う際は，実質的な発話で主に話してい

る会話参加者が明確になるように，あいづち的な発話など，ターンとみなされない発話を改行せず，ターンの中に（　）で示す方法があります（後掲の文字化例（2））。

2　文字化の例を見ましょう！

　文字化例（1）〜（4）を具体的に見ていきましょう。文字化例（1），（2）は，発話や文・文節，ターンで改行したものです。その他，文字化例（3），（4）のように，会話参加者の言語行動や非言語行動を音符のように同時進行で示し，行の端まで行ったら改行するものもあります。この音符のような文字化方法は，多人数会話の文字化に便利でしょう。

　自分の会話データの分析のためにはどの方法が一番いいか考えてみましょう。

会話データの設定：
大学の日本人学生と留学生が参加する国際交流会の企画について，国際交流サークル部員の 4 人が話し合っています。
M は司会者です。

会話ビデオ
リンク

文字化例（1）発話を 1 行ずつ改行して示す方法（同一話者の連続する文は改行）（00:00 〜 3:30）

1M:	っと，(1.0) まず，会の目的を決めたいと思います。
2J:	// はい。
3Y:	会の目的。
4I:	会の目的。
5M:	はい。
6Y:	国際交流会ですよねー。
7M:	う // ん。
8I:	そもそも誰が参加するんですか？
9I:	誰が参加するかで目的も変わってくると思うんですけど。
10M:	んっとー，スタッフはー，僕ら 4 人。
11I:	// うん。
12J:	うん。
13Y:	うんうんうん。
14M:	でー，// 留学生対象にして，
15Y:	うん。
16Y:	うん。
17M:	まあ，なんだ，日本人と留学生集めて，楽しもう的な。
18Y:	// ああーあー。
19I:	ああーあー。
20J:	うん。
21Y:	ああー，まあそうですよね，交流会ですもんね。
22M:	うん。
23Y:	留学生の皆を，呼ぶ。
24M:	そー，だね。
25I:	仲良くなってもらうみたいな感じですかね。

26M:	そうね。
27I:	留学生と {左手を置く}，日本人学生の {右手を置く}，な，なんかコネクションを作る {手を左右に振る} みたいな感じですか？
28M:	うんうんうんうん。
29I:	これ，きっかけに仲良くなって {両手を交差する}，ま連絡先交換する {両手を前後に回す} でも何でもして，
30M:	うんうんうん。
31I:	お互い，勉強し合うみたいな。
32M:	そうね，そう // ね。
33Y:	ああ，うん。
34Y:	え，でも今 {笑い}，Iちゃんが言ったのがそのまま会の目的なのでは？
35M:	オッケ，じゃあ，えー // と，
36Y:	なんか交流を深める // みたいな。
37M:	オッケ，いやうん，そうね，目的決めてやった方がいいなーと思って。
38Y:	あーあーあ。
39I:	あ，確か // に目的なしで進めちゃうと，
40J:	ああっ，{体を動かす}
41M:	うん。
42I:	結局何のために // 集まったんだろうみたいな。{笑い}
43M:	そう，そう // そうそう。{笑い}
44Y:	そう，そう，{笑い} そう確かに，確かに。
45M:	えっと，なんだ。
46Y:	Jちゃん今なんか言いかけなかった？
47J:	や，なんも言いかけてないです。{笑い}
48Y:	あほんと？
49M:	// {笑い}
50I:	{笑い}
51Y:	ごめん，{笑い}
52J:	（すみませんー）{笑い}
53Y:	なんか「あっ」って言った // 気がしたから。{笑い}
54J:	{笑い}
55M:	{笑い}
56I:	{笑い}　　　　　　　　　　　　　　　　　　　　　　⇒（4）
57M:	(2.0) 連絡先交換ー，んーあーでも強制すんのおかしいよな。{笑い}
	（中略〜 3:10）
100J:	なんか，観光とかになってくるとー，
101M:	あー。
102J:	1日かなって。
103M:	あー。
104J:	なんか，そんな遠くじゃなくてもいいんですけど，都内の有名なところに連れてってあげ // てーみたいな。
105Y:	あー。
106I:	あー。
107M:	なるほどね。
108J:	系の交流だと，土日とか，
109M:	あー。
110J:	1日とか使えるし，
111M:	あー。
112J:	学校でこう，集まりたいっていうんだったらやっぱ放課後とか // が一番いいかなって感じですねー。　⇒（2）（3）
113Y:	うんうんうん，学校だったら放課後がいいなー。

文字化例（2）　ターンを持った話者の発話を主に示し，その途中で挿入される他の話者の発話を（　）
　　　　　　　で示す方法（03:10 ～ 3:30）

100J:	なんか，観光とかになってくるとー，（M: あー。）1日かなって。（M: あー。）なんか，そんな遠くじゃなくてもいいんですけど都内の有名なところに連れてってあげ（Y: あー。）てーみたいな。（I: あー。）（M: なるほどね。）系の交流だと，土日とか，（M: あー。）1日とか使えるし，（M: あー。）学校でこう，集まりたいっていうんだったらやっぱ放課後とか（Y: うんうんうん。）が一番いいかなって感じですねー。
101Y:	学校だったら放課後がいいなー。

文字化例（3）　全会話参加者の言語行動を音符のように，同時進行で示す方法（03:10 ～ 3:30）

100J:	なんか，観光とかになってくるとー，　　1日かなって。
100M:	あー。　　　　あー。
100I:	
100Y:	

101J:	なんか，そんな遠くじゃなくてもいいんですけど都内の有名なところに連れてって
101M:	
101I:	
101Y:	

102J:	あげてーみたいな。　　　　　　系の交流だと，土日とか，　　1日とか使えるし，
102M:	なるほどね。　　　　　　　　　あー。
102I:	あー。
102Y:	あー。

103J:	学校でこう，集まりたいっていうんだったらやっぱ放課後とかが一番いいかなっ
103M:	あー。
103I:	
103Y:	うんうんうん，学

104J:	て感じですねー。
104M:	
104I:	
104Y:	校だったら放課後がいいなー。

文字化例（4）　非言語行動などを記号や静止画で詳細に記述する方法（01:06 ～ 1:21）

40J:	{体を動かす} 　ああっ，
	（下）――――――――――――――――――
40M:	h　　h　　h 　　　　うん。　　　　そう，そうそうそう。
	（下）――（J）―（下）
40I:	あ，確かに目的なしで進めちゃうと，　結局何のために集まったんだろうみたいな。
	（下）
40Y:	そう，そう，{笑い} （J）―――（I）――――（下）

41J:	(下)————————————————————(Y)——(下)——
41M:	{笑い}　　　　えっと，なんだ。
	(下)————————————————(J)——(下)——
41I:	{笑い}
	(下)————————————(Y)————————(J)——
41Y:	そう確かに，確かに。　　　　Jちゃん今なんか言いかけなかった？
	————(J)(下)——(J)——

Y：2年生

42J:	H　　　　　　{両手を出す}
	や，なんも言いかけてないです。{笑い}　　　　（すみませんー）
	(下)——(Y)————————————————(下)——
42M:	{笑い}
	(下)——
42I:	{笑い}
	(J)————————————————(Y)——(下)——
42Y:	あほんと？　　　ごめん，{笑い}
	(J)——

I：1年生　M：3年生（司会）

J：2年生　Y：2年生

43J:	{笑い}　　　　　　{笑い}
	(Y)————————————————(下)——
43M:	{笑い}
	(下)——
43I:	{笑い}
	(下)——
43Y:	なんか「あっ」って言った気がしたから。{笑い}
	(J)————————————(下)——

★音符のように示す例，非言語行動を示す例は，中井（2003; 2006a; 2006b）を参考にしてください。

参考文献

宇佐美まゆみ（2019）『基本的な文字化の原則（Basic Transcription System for Japanese: BTSJ）2019年改訂版』
　　https://ninjal-usamilab.info/lab/wp-content/uploads/2020/01/BTSJ2019.pdf（2022年7月1日）
宇佐美まゆみ編（2020a）『自然会話分析への語用論的アプローチ―BTSJコーパスを利用して―』ひつじ書房

ザトラウスキー, ポリー. (1993)『日本語の談話の構造分析―勧誘のストラテジーの考察―』くろしお出版

杉戸清樹 (1987)「発話のうけつぎ」『国立国語研究所報告』92, 68–106.

中井陽子 (2003)「言語・非言語行動によるターンの受け継ぎの表示」『早稲田大学日本語教育研究』3, 23–39.
http://hdl.handle.net/2065/3513 (2022 年 7 月 1 日)

中井陽子 (2006a)「会話のフロアーにおける言語的／非言語的な参加態度の示し方―初対面の日本語の母語話者／非母語話者による 4 者間の会話の分析―」『講座日本語教育』42, 25–41.
http://hdl.handle.net/2065/5838 (2022 年 7 月 1 日)

中井陽子 (2006b)「日本語の会話における言語的／非言語的な参加態度の示し方―初対面の母語話者／非母語話者による 4 者間の会話の分析―」『早稲田大学日本語研究教育センター紀要』19, 79–98.
http://hdl.handle.net/2065/26468 (2022 年 7 月 1 日)

中井陽子 (2012)『インターアクション能力を育てる日本語の会話教育』ひつじ書房

関連する文献

宇佐美まゆみ編 (2020b)『日本語の自然会話分析―BTSJ コーパスから見たコミュニケーションの解明―』くろしお出版

佐久間まゆみ編著 (2010)『講義の談話の表現と理解』くろしお出版

高木智世・細田由利・森田笑 (2016)『会話分析の基礎』ひつじ書房

好井裕明・山田富秋・西阪仰編 (1999)『会話分析への招待』世界思想社

Sacks, H., Schegloff, E. A., & Jefferson, G. (1974) A simplest systematics for the organization of turn-taking for conversation. *Language,* 50(4), 696–735.（サックス, H.・シェグロフ, E. A.・ジェファソン, G. ／西阪仰［訳］サフト, S.［翻訳協力］(2010)「会話のための順番交替の組織―最も単純な体系的記述―」『会話分析基本論集―順番交替と修復の組織―』世界思想社, 5–153.）

コラム3　日本語の雑談③　〜話題転換の方法〜

　日本語母語話者は、新しい話題を始める時に、どのようにしているのでしょうか。話題開始部では、例えば、「えっとー」「あのー」などのフィラー、「で」「それで」などの接続表現、「あ」「え」などの感嘆詞が使われます。また、少し声を大きくして話すのも、話題転換の表示だと言われています。さらに、急に話題の内容を変えたくなった時は、「話は変わるんですが」「ちょっと違う話ですけど」「前の話に戻りますが」などのメタ言語表現を使うことで、相手を驚かせずに、違う話が来ることを予期させるという方法も使われます。もちろん何か新しい内容について質問する、新たな情報を提供すること自体も話題転換のシグナルになります。

　一方、話題終了部で話している話題を終わらせる際は、「すごいねー」「いいねー」「大変だったねー」などの評価的発話、話題をまとめる表現が使われます。また、声が徐々に小さくなり、話すスピードも遅くなり、言葉やあいづちの繰り返しが多くなります。それにともない、うなずきが増えたり、下を向いたり、姿勢を変えたりし、最後に長い沈黙が来ることもあります。

　楊（2005）によると、日本語母語話者は、互いに話題を終了させるシグナルを使い合って協力して話題を終わらせるパターンが最も多かったとしています。一方、中国語母語話者は、これだけでなく、1人だけが話題を終了させるシグナルを使うパターン、または、誰も話題を終了させるシグナルを使わず急に話題転換が起こるというパターンも見られたということです。

　あなたは、どのパターンで話題を終了させることが多いでしょうか。日本語母語話者と会話する際は、今話している話題を終わらせていいか、お互いにシグナルを出して確認し合いながら、次の話題に進むのがいいかもしれません。

参考文献

楊虹（2005）「中日接触場面の話題転換―中国語母語話者に注目して―」『言語文化と日本語教育』30, 31–40.
　https://teapot.lib.ocha.ac.jp/record/38734/files/04_031-040.pdf（2022年7月1日）

関連する文献

大場美和子・中井陽子（2020）「会話データ分析の初学者による話題区分の特徴の分析」『社会言語科学』22
　（2）, 62–77.
　https://www.jstage.jst.go.jp/article/jajls/22/2/22_62/_article/-char/ja/（2022年7月1日）
蔡諒福（2011）「初対面会話における話題転換構造に関する一考察―日中社会人のデータをもとに―」『異文化コミュニケーション研究』23, 1–19.
　http://id.nii.ac.jp/1092/00001042/（2022年7月1日）
中井陽子（2003）「初対面日本語会話の話題開始部／終了部において用いられる言語的要素」『早稲田大学日本語研究教育センター紀要』16, 71–95.
　http://hdl.handle.net/2065/3469（2022年7月1日）
中井陽子（2004）「話題開始部／終了部で用いられる言語的要素―母語話者及び非母語話者の情報提供者の場合―」『講座日本語教育』40, 3–26.
　http://hdl.handle.net/2065/3399（2022年7月1日）
中井陽子（2012）『インターアクション能力を育てる日本語の会話教育』ひつじ書房
三牧陽子（1999）「初対面会話における話題選択スキーマとストラテジー―大学生会話の分析―」『日本語教育』103, 49–58.
三牧陽子（2013）『ポライトネスの談話分析―初対面コミュニケーションの姿としくみ―』くろしお出版
Nakai, Yoko Kato（2002）Topic shifting devices used by supporting participants in native/native and native/non-native Japanese conversations. *Japanese Language and Literature.* 36（1）, 1–25.
　https://www.jstor.org/stable/pdf/3250876.pdf（2022年7月1日）

考えてみましょう！

1. あなたは、親しい友人と話している時、どのように話題転換をするでしょうか。
2. あなたは、先生と話している時、どのように話題転換をするでしょうか。

第4章　誘いのロールプレイ会話の分析

1　考えてみましょう！

(1)　普段，どのような時に人を誘いますか。

(2)　誘うことでどのような人間関係が作れると思いますか。

(3)　どのようなことに気を付けて人を誘ったら，うまくいくと思いますか。表現面，内容面，対人面などの面から考えてみましょう。

2　やってみましょう！

(1)　友人をディズニーランドに誘うロールプレイ会話（承諾，断り）をしましょう。

(2)　承諾と断りのロールプレイ会話には，どのような特徴や違いがありましたか。話す内容の順番はどのようになっていましたか。また，何が難しかったですか。

承諾：

断り：

3　確認しましょう！

(1)　誘いの展開構造

　　誘いの会話は，始まりから終わりまで，会話参加者の間でやり取りが行われながら，段階を踏んで進んでいきます。こうした会話の流れ・話す内容の順番を「展開構造」といいます。誘いの会話は，表 4-1 のような「展開構造」で行われます。通常，「開始部 − 主要部 − 終了部」の順番で進みます。そして，「主要部」はさらに「先行部 − 誘い部 − 終結部」という順番で進むことが多いですが，「誘い部」「終結部」の中の順番や種類は誘いの会話によって異なることがあります。

表 4-1　誘いの会話の展開構造（ウィモンサラウォン・中井（2017, p.144）をもとに作成）

誘いの会話の展開構造の各段階			定義	各段階に現れる発話例
開始部	挨拶・雑談部		会話を開始する挨拶や雑談などを行う段階	あ，おはよう。／やっほー。／久しぶり。／早いねー。／授業？
主要部	先行部		誘いの予告や，会話時間の有無を確認する段階	ちょっとお話がありましてですね。／お誘いなんですけど。
	誘い部	勧誘部	誘いの表現を用いて誘う段階	ディズニーランド行かない？／行かない？
		事情説明部 事情確認部	誘いに至ったきっかけや事情を説明・確認する段階	ねえ，そう言えばさっきテレビで見たんだけど，／なんかチケット 2 枚手に入って，／なんで突然ディズニーランド？／他に行く人いないの？
		都合確認部	誘いの日時や場所が適当か確認する段階	今週の日曜とか空いてたりする？／日曜ちょっと遊ぶ約束してるんで。
		承諾部	誘いを受け入れる段階	全然空いてる。／行きたい，ディズニーランド。
		断り・弁明部	誘いを断る，また，その理由を述べる段階	行けないや。／バイトだよー，それ。／今月がさ，お金全然ないんだよ。
		相談部	会合場所・時間の決定を行う段階	何時からにする？／入場料いくらだっけ？／近くなったらまた連絡でいいかな。
	終結部	前終結部	誘いの会話の終結を示唆し，それに同意する段階	よしよし。／うん，オッケー。／あー，よかったー。／予定合わないね。
		関係再確認部	今後の良好な関係の継続を互いに確認し合う段階（感謝，謝罪，将来の接触への言及など）	またの機会に行きますか。／なんかごめんね。／俺も行きたいっすけどね。
終了部	別れの挨拶部		会話を終わらせて別れるための挨拶を行う段階	じゃあ，ちょっとそろそろ行かなきゃだから。／じゃあねー。／お疲れ様です。

（2）誘いの発話機能

　誘いの会話の中で，実際に話し手と聞き手が何をどのように伝えているのかを詳細に分析するには，「発話機能」を見ていくことも重要です。「発話機能」とは，会話の中で1つ1つの発話がどのような働きをしているのかという，機能の面から見るものです。例えば，表4-2は，誘いの会話を分析しているザトラウスキー（1993）の発話機能です。

表 4-2　発話機能の種類と定義（ザトラウスキー, 1993, pp.67–70）

注目要求	「呼びかけ」の類。
談話表示	談話の展開そのものに言及する「接続表現」，「メタ言語的発話」などを含む。
情報提供	実質的内容を伝える発話で，客観的事実に関する質問に対する答えも含む。
意志表示	話し手の感情，意志等を表示する発話で，それらに関する質問の答えも含む。
同意要求	相手の同意を求める発話で，「でしょ？」・「よねえ。」・「じゃない？」で終わることが多い。
情報要求	情報の提供を求める発話で，「質問」の類が多い。
共同行為要求	「勧誘」等のように，話し手自身も参加する行為への参加を求める発話である。
単独行為要求	話し手が参加しない，聞き手単独の行為を求める発話で，「依頼」・「勧告」・「命令」等がある。
言い直し要求	先行する発話がうまく聞き取れなかった場合の発話である。
言い直し	「言い直し要求」に先行する発話を繰り返す，あるいは，多少言い換えてもう一度述べる形の応答である。
関係作り・儀礼	「感謝」，「陳謝」，「挨拶」等の良い人間関係を作る。
注目表示	相手の発話，相手の存在，その場の状況・事物の存在などを認識したことを表明する。「同意要求」に対する応答を含む。注目表示には，継続，承認，確認，興味，感情，共感，感想，否定，終了，同意の注目表示，自己注目表示という11種がある。

　例（1）は，挨拶をして良い人間関係を作ろうとする働きを持つ発話であるため，「関係作り・儀礼」の発話機能を持つ発話だと言えます。

> 例（1）発話機能（関係作り・儀礼）
> 1T: 久しぶり。　　　　　　　　　　　　　　　　　　　　　　　　　　　　関係作り・儀礼

　例（2）は，話者が相手（多恵）の都合を聞いているため，「情報要求」の発話機能を持つ発話だと言えます。

> 例（2）発話機能（情報要求）
> 16S: 多恵さん今週の日曜日って，空いてたりします？　　　　　　　　　　　情報要求

　例（3），（4）は，話者が自身の持っている情報を相手に与えているため，「情報提供」の発話機能を持つ発話だと言えます。

> 例（3）発話機能（情報提供）
> 25S: いや，なんか，ディズニーランドのチケット〔笑い〕二枚手に入って，　　情報提供

例（4）発話機能（情報提供）

75T: うーん，なんか多分，行きたい人いると思う。　　　　　　　　　　　　情報提供

　例（5）は，「もし日曜空いているのであれば」と文末まで言い切らない「言いさし発話」になっていますが，発話で省略された部分は「一緒に行きませんか」と相手を誘う働きがあると考えられるため，「共同行為要求」の発話機能を持つ発話だと言えます。誘いの会話における言いさし発話については，ウィモンサラウォン・中井（2017）で分析を行っているので参照してください。

例（5）発話機能（共同行為要求）

49S: もし日曜空いてるのであれば。　　　　　　　　　　　　　　　　　　共同行為要求

　ただし，例（6）のように，「〜勉強しようっていう（つもりです）」（意志表示），または，「〜勉強しようっていう（状況です）」（情報提供）など，言いさし発話の省略されている部分の発話機能が特定できないものもあります。この場合は，認定の可能性のある複数の発話機能を併記するか，または「不明」などと分類することになります。また，どの発話機能になるか判断に迷う場合は，他の人と相談し，認定基準を決めていくことも重要です。

例（6）発話機能（意志表示または情報提供）

96S: ちょっと図書室で勉強しようっていう。　　　　　　　　　　意志表示／情報提供（不明）

　なお，誘いの発話機能として，他の用語を使っている研究もあります。例えば，筒井（2002）では，例（2）の発話を「前提条件の確認」，例（3）の発話を「事情説明」，例（4）の発話を「代案提示」，例（5）の発話を「勧誘」という発話機能であるとしています。他にも，意味公式，ストラテジーなどという観点からも発話を分類して，分析している研究もあるので，調べてみましょう。

4　会話データを分析しましょう！

（1）誘いのロールプレイ会話のビデオを見ましょう。

会話データの設定：
演劇部の後輩男性の祥悟（S：大学 2 年生）が先輩女性の多恵（T：大学 4 年生）をディズニーランドに誘い，断られる。

会話ビデオリンク

T：多恵
大学 4 年生，先輩
誘われ手

S：祥悟
大学 2 年生，後輩
誘い手

タスク 1

　誘いのロールプレイ会話のやり取りで，以下の点について気づいたことをメモしましょう。

　例：誘いと断りの駆け引きの仕方（例：情報の示し方・引き出し方，誘い方，断り方，受け止め方など），相手への配慮の仕方（例：条件提示の仕方，相手の負担軽減の仕方など），言語行動・非言語行動，展開構造など

（2）会話の文字化資料の右側には，該当する「発話機能」が記してあります（記載が省略してある部分
もあります）。各発話がどのような発話機能を用いながら誘いの会話を展開させているのか確認し
ましょう。なお，1つの発話に複数の発話機能があるものは，「，」で併記してあります。また，発話
機能が特定できないものは，候補となる発話機能を複数「／」で併記してあります。

（3）表 4-1 を参考に，誘いのロールプレイ会話の展開構造を考えてみましょう。

タスク1

　以下の誘いのロールプレイ会話の文字化資料を見て，「展開構造」の欄に①～③の展開構造の段階を
記入しましょう。右端に示してある「発話機能」も参考にしながら，考えましょう。

　　①「開始部」「主要部」「終了部」の大きな展開構造の始まりを左端に記入しましょう。

　　②「開始部」の右側に，「挨拶部」「雑談部」の区分を記入しましょう。

　　　「主要部」の右側に，「先行部」「誘い部」「終結部」の区分を記入しましょう。

　　　「終了部」の右側に，「別れの挨拶部」を記入しましょう。

　　③「誘い部」と「終結部」の右側に，さらに細かい段階を記入しましょう。

※表 4-1 に並んでいる段階の順番になるとは限りません。また，同じ段階が繰り返し出てくることも
あります。

誘いのロールプレイ会話：S（祥悟），T（多恵）(00:03 ～ 2:13)
（中井, 2017, pp.114-121）

展開構造			発話	発話機能
			1T: 久しぶり。{笑い}	関係作り・礼儀
			2S: あ，お久しぶりです。	注目要求, 関係作り・礼儀
			3T: はい。	同意の注目表示
			4S: やー。{椅子に座る}	注目要求／自己注目表示
			5T: あれ，授業？	情報要求
			6S: いや，{壁掛け時計を見上げる} 今ないです。	注目表示, 情報提供
			7T: あ，そうなんだ。{壁掛け時計を見上げる}	確認の注目表示
			8S: 次，あるんですけど。	情報提供
			9T: あ，そっか。	確認の注目表示
			10S: うーん。(2.3){下を向く}	自己注目要求
			11T: ん？	言い直し要求
			12S: {Tを見て両手をさすりながら} ど，ど，どうですかね。	情報要求
			13T: {眉毛を上げて} え？	言い直し要求
			14S: (2.3) てか，	談話表示
			15T: うん。	継続の注目表示
			16S: 多恵さん今週の日曜日って，空いてたりします？	情報要求
			17T: 今週の日曜？{笑い}	確認の注目表示
			18S: はい。	同意の注目表示
			19T: 今週の日曜？{笑い}	確認の注目表示
			20S: はい，// 今週の日曜。{両肘を後ろの椅子と机に載せる}	同意の注目表示
			21T: 　今週 {後傾姿勢で上を見る} の日曜，は，予定確認しないと分かんないけど，と，多分 {前傾姿勢に戻る}，多分空いてる，確か。	情報提供
			22S: // ほんとですか。	感情の注目表示
			23T: 確か空いてると思う，うん。	情報提供, 自己注目表示

		24T:	何かあった？ {笑い}	情報要求
		25S:	{下を向きながら} いや，なんか，ディズニーランドのチケット {笑い} // 二枚手に入って，	情報提供
		26T:	うん。	継続の注目表示
		27T:	あー，ディズニーランド。	確認の注目表示
		28S:	{下を向きながら} で，{両肘を後ろの椅子と机に載せる}	談話表示
		29T:	そんなことあんの？ {笑い} ディズニーランドの。	情報要求
		30S:	そうなんですよ。{多恵を見る}	同意の注目表示
		31T:	// へー。	確認の注目表示
		32S:	なんか，{笑い} マ，マンガみたい。	情報提供
		33T:	// {笑い} マンガみたい。	同意の注目表示
		34S:	映画みたい。{笑い}	言い直し
		35T:	へー，{笑い} そんなことあるんだ。	同意の注目表示，同意要求
		36S:	{下を向きながら} え，すげえ，	情報提供
		37T:	うん。	継続の注目表示
		38S:	{下を向きながら} まあ，ベタな，あれですけど。	情報提供
		39T:	へー。	継続の注目表示
		40S:	{下を向きながら} でー，	談話表示
		41T:	行かないの？	情報要求
		42S:	{下を向きながら} いや，誰と行こうかなと思って。	情報提供
		43T:	あー，なんか，{上を向く}	注目要求／自己注目表示
		44S:	{下を向きながら} で，{両肘を下ろしながら} // もしよろしけれ // ば，	共同行為要求
		45T:	ね。	同意の注目表示
		46T:	うん。	継続の注目表示
		47S:	{多恵を見て軽くうなずきながら} 多恵さん。	注目要求
		48T:	{笑い}	感情の注目表示
		49S:	もし日曜空いてるので // あれば。	共同行為要求
		50T:	{笑いながら} 日曜日？	確認の注目表示
		51S:	はい。	同意の注目表示
		52T:	{笑いながら} ディズニーランド？	確認の注目表示
		53S:	はい。	同意の注目表示
		54T:	ディズニーランドかー。{上を見ながら後ろにもたれかかる}	確認の注目表示

		55T:	え，他にいないの？誘う人。	情報要求
		56S:	(1.2) {目線を外しながら} いや，てか多恵さんがいいな // って，はい。	否定の注目表示，談話表示，意志表示，自己注目表示
		57T:	{上を見ながら} ディズニーランド？	確認の注目表示
		58T:	// {目を閉じて頭を上に上げながら} えー，ディズニーランド，{机の上に伏せながら} ディズニーランド行きたいんだけど，{髪を掻き上げながら} 今月がさ，お金全然ないんだよね，もう。	自己注目表示 意志表示 情報提供
		59S:	はい。	同意の注目表示
		60S:	あー。{両肘を後ろの椅子と机に載せて下を見る}	感情の注目表示
		61T:	うーーーん，あ，でもそっか。	自己注目表示
		62T:	チケットはタダなんだもんね。	同意要求
		63T:	いや，でもねえ，// 駄目だわ，あの，行ったらさ，いろいろさ，使うもんね。	否定の注目表示，意志表示，同意要求
		64S:	そう，そう，そうなんですよ。	承認の注目表示
		65S:	いや，// そう，そうですよ。	承認の注目表示
		66T:	{両手で顔を覆いながら} ほんとにお金ないん // だよね，今月。	情報提供
		67S:	{下を向きながら} 確かにそれは，それはあるんです。	承認の注目表示
		68T:	// {両手で顔を覆いながら} だからさ，ほんとごめん。	関係作り・儀礼
		69S:	{下を向きながら} 確かにそれはあるんですよ。	承認の注目表示

			70T:	うん，なんかさ，英語科の友達とかいないの？	情報要求
			71S:	(0.9) いや，いますよ，はい。	否定の注目表示，情報提供，自己注目表示
			72T:	うん，ちょっとごめん。	関係作り・儀礼
			73S:	あーっすね。{下を向く}	承認の注目表示
			74T:	行けないや。	意志表示
			75T:	うーん，なんか多分，行きたい人いると思う，うん。	情報提供，自己注目表示
			76S:	{下を向きながら} あー，そうっすね。{両肘を下す}	同意の注目表示
			77T:	うん。	同意の注目表示
			78S:	{下を向きながら} そうっすね。	同意の注目表示

			79S:	{後ろに寄りかかり両肘を載せながら} いやまあ金かかりますからね。{下を向く}	同意要求
			80T:	そうなんだよねー。{後ろにもたれかかる}	同意の注目表示
			81T:	ほんとごめん。	関係作り・儀礼
			82S:	{多恵を見ながら} いやいや // いや，{両手を膝に置きながら} いやいやいや。	否定の注目表示
			83T:	{頭を下げながら} いやー，ごめん。	関係作り・儀礼
			84S:	ちょっともし // よろしければっていう話だったんで。{下を向く}	情報提供
			85T:	{頭を下げながら} すいません。	関係作り・儀礼
			86T:	{頭を下げながら} はい。	自己注目表示

			87S:	(1.8) ちょっと，{時計を見上げて立ち上がりながら} すいません，じゃあ。	関係作り・儀礼
			88T:	あー，{笑いながら} なんかごめん，// なんかごめんね。	関係作り・儀礼
			89S:	やー，{口に手を当てながら} 違います。	否定の注目表示
			90T:	// なんかごめんね。	関係作り・儀礼
			91S:	俺，マジで {腕時計を見る} あの，	情報提供
			92T:	うん。	継続の注目表示
			93S:	{後ずさりしながら} ちょっと今日テストあるんで。	情報提供
			94T:	うん。{笑い}	同意／承認／確認／終了の注目表示
			95T:	// じゃ，じゃあ勉強しないと。	同意要求
			96S:	ちょっと図書室で勉強しようっていう。{部屋から去る}	意志表示／情報提供
			97T:	じゃ，ごめん，ごめんね。	関係作り・儀礼
			98T:	じゃ，また。	関係作り・儀礼

タスク2

　グループになって，タスク１の結果を他の人と比べましょう。違う場合は，どうしてそのように分類したか理由を話し合いましょう。

タスク3

　誘いのロールプレイ会話の文字化資料を見ながら，誘いの断りと駆け引きの仕方，配慮の仕方，言語行動・非言語行動で，再度，面白い点を分析しましょう。

5　分析を振り返りましょう！

　今回の「誘いのロールプレイ会話の分析」の感想，さらに分析したい点，今後の自身のコミュニケーションで気を付けたい点について書きましょう。

★今回分析したことを今後の自身の誘いの会話に活かしてみましょう！

参考文献

ウィモンサラウォン, アパポーン・中井陽子（2017）「誘いの会話における言いさし発話の分析―日本語母語話者によるロールプレイをもとに―」『日本語教育研究』40, 141–160.
　　http://dx.doi.org/10.21808/KJJE.40.09（2022 年 7 月 1 日）
　　http://www.kaje.or.kr/html/sub04-04.asp（2022 年 7 月 1 日）
ザトラウスキー, ポリー.（1993）『日本語の談話の構造分析―勧誘のストラテジーの考察―』くろしお出版
筒井佐代（2002）「会話の構造分析と会話教育」『日本語・日本文化研究』12, 9–21.
中井陽子（2017）「誘いの会話の構造展開における駆け引きの分析―日本語母語話者同士の断りのロールプレイとフォローアップ・インタビューをもとに―」『東京外国語大学論集』95, 105–126.
　　http://repository.tufs.ac.jp/handle/10108/89930（2022 年 7 月 1 日）

関連する文献

国立国語研究所（1994）『日本語教育映像教材中級編関連教材 伝えあうことば 4 機能一覧表』国立国語研究所
　　http://doi.org/10.15084/00002809（2022 年 7 月 1 日）
鈴木香子（2007）『機能文型に基づく相談の談話の構造分析』早稲田大学大学院日本語教育研究科 博士学位申請論文
　　http://hdl.handle.net/2065/28804（2022 年 7 月 1 日）
武田加奈子（2006）『接触場面における勧誘談話管理』千葉大学大学院社会文化科学研究科 博士学位論文
　　https://opac.ll.chiba-u.jp/da/curator/900040198/（2022 年 7 月 1 日）
寅丸真澄（2006）「日本語の討論の談話における「意見表明」の構造分析」『早稲田大学日本語教育研究』9, 23–35.
　　http://hdl.handle.net/2065/5810（2022 年 7 月 1 日）
山岡政紀（2008）『発話機能論』くろしお出版
Brown, P., & Levinson, S. C.（1987）*Politeness: Some universals in language usage.* Cambridge: Cambridge University Press.（ブラウン, P.・レヴィンソン, S. C. ／田中典子［監訳］斉藤早智子・津留嵜毅・鶴田庸子・日野壽憲・山下早代子［訳］（2011）『ポライトネス―言語使用における，ある普遍現象―』研究社）

コラム4　日本語の雑談④　〜ターンテイキングのためのシグナル〜

　会話は，通常2人以上の参加者の間で交わされるものです。そのため，会話のやり取りは，よくキャッチボールに例えられます。つまり，発話のボールを投げる人，受け取る人がいて初めて成立するもので，両者の協力が必要なのです。そのため，発話のボールをいつ投げて，いつ取るかというタイミングが非常に重要になります。この会話のやり取りのことを「ターンテイキング（話者交代）」といいます。ターンテイキングは，特に3人以上の多人数が参加する会話の場合，2人の会話より複雑になります。例えば，Aさん，Bさん，Cさんが会話をしているとします。Aさんがあとの2人に「昨日の授業どうだった？」と質問した場合，BさんとCさんが同時にその答えを言ったら，2つの発話が重なってしまい，うるさくてうまく聞き取れないでしょう。そのため，BさんかCさんのどちらかが先に答えを言い，どちらかが黙っていなければなりません。あるいは，BさんもCさんもどちらも答えを言わなければ誰も何も話さない沈黙ができてしまい，会話をうまく続けることができません。

　では，我々はどのようにしてターンテイキングを行って，円滑に会話を進めているのでしょうか。まず，ターンを取って話したい時は，息を吸う，手を上げる，手を前に出す，うなずく，「あのー」「えっとー」「あ」「え」と言う，声を高く大きくするなどのシグナルを使うことがあります。他の人は，こうしたシグナルを読み取ることで，その人に注目し，話し出すのを待つことができます。一方，話すのをやめて，他の人にターンを与える場合は，ゆっくり話す，声を低く弱くする，下を見る，他の人を見る，質問をするなどのシグナルが使われます。

　このように，ターンテイキングのシグナルをうまく読み取ることで，会話の中で誰がいつ話すのかお互いに配慮しながら，タイミングよく話せると考えられます。皆さんは，ターンテイキングをどのように行っているでしょうか。

関連する文献

中井陽子（2003）「言語・非言語行動によるターンの受け継ぎの表示」『早稲田大学日本語教育研究』3, 23–39.
　　http://hdl.handle.net/2065/3513（2022年7月1日）

考えてみましょう！

1. あなたは，複数の人と話していて，自分が話したい時，どのようにターンを取るでしょうか。
2. あなたは，どのようなシグナルを感じて，相手が話したそうにしていると気づくでしょうか。
3. あなたは，どのようにして，相手がターンを取れるようにするでしょうか。

第5章 依頼のロールプレイ会話の分析

1 考えてみましょう！

(1) 普段，どのような時にどのような依頼をしますか。どうすればうまく依頼できるでしょうか。

(2) 依頼の仕方は，上下関係・親疎関係，依頼内容の違いによって，どのように変わりますか。

2 やってみましょう！

(1) a～cの場面設定で，依頼のロールプレイ会話（承諾）をしましょう。実際に経験したことがない設定でも想像しながら会話してみましょう。

  a. 同期の友人に授業のノートを貸してもらう

  b. 同期の友人に引っ越しの手伝いを依頼する

  c. 後輩に引っ越しの手伝いを依頼する

(2) 依頼内容，人間関係によって依頼の仕方にどのような違いがありましたか。

(3) どのようなことを工夫して話しましたか。何が難しかったですか。言語や文化によって話し方が違うと思いますか。

3 会話データを分析しましょう！

(1) 依頼（承諾）のロールプレイ会話のビデオを見て，気づいたことをメモしましょう。

  （例：依頼の仕方，相手への配慮の仕方，言語行動・非言語行動など）

会話データの設定：

A. 演劇の衣装を縫う手伝いを頼む

  会話（1）K（京子＝後輩）⇒M（舞子＝先輩）

  会話（2）K（京子＝同期）⇒C（蝶子＝同期）

  会話（3）K（京子＝先輩）⇒R（律子＝後輩）

B. 引っ越しの手伝いを頼む

  会話（4）K（京子＝後輩）⇒M（舞子＝先輩）

  会話（5）K（京子＝同期）⇒C（蝶子＝同期）

  会話（6）K（京子＝先輩）⇒R（律子＝後輩）

K：京子

M：舞子（先輩）

C：蝶子（同期）

R：律子（後輩）

(2) 会話の文字化資料を見ながら，分析をしましょう。

タスク1

 グループになって，以下のいずれかの会話の比較をしましょう。着目点の例を参考に，会話の文字化資料に分析項目をメモしていきましょう。

① 「演劇の衣装を縫う手伝いを頼む」 会話 (1)(2)(3) の会話の比較 (上下関係・親疎関係の違い)

② 「引っ越しの手伝いを頼む」 会話 (4)(5)(6) の会話の比較 (上下関係・親疎関係の違い)

③ 「演劇の衣装を縫う手伝いを頼む」会話と「引っ越しの手伝いを頼む」会話の比較 (依頼内容の違い)
 ・会話 (1) v.s. 会話 (4)
 ・会話 (2) v.s. 会話 (5)
 ・会話 (3) v.s. 会話 (6)

```
着目点の例
・依頼の仕方・表現，事情説明の方法，お礼・お詫びの表現
・会話を展開させている人・展開のさせ方
・言いさし発話，繰り返し，情報提供，情報要求，確認
・相手への配慮の仕方，相手の利益への言及，負担の軽減の仕方，申し訳なさの表明
・非言語行動（ジェスチャー，笑い，姿勢など）
・会話全体の長さ，テンションの上がり方，親しさの表現          など
```

A. 演劇の衣装を縫う手伝いを頼む

会話 (1) 依頼のロールプレイ会話（承諾）全58秒間：K（京子＝後輩）⇒ M（舞子＝先輩）

1K:	舞子さーん。
2M:	ん？
3K:	おはようございます。
4M:	あ，おはよう，うん。
5K:	すみません，今お時間大丈夫ですか？
6M:	あ，いや，全然，あのなん // か，うん。
7K:	あ，
8K:	{笑い} 大丈夫ですか，すみません。
9M:	{笑い} ちょっとメールしてたぐらいだから。
10K:	あの，今度，新歓公演で，// あるじゃないですか。
11M:	うん。
12M:	うんうん。
13K:	あれで，衣装で，あの，女神の服？// 衣装？
14M:	女神の服？ {笑い}
15K:	そう。
16M:	すごいね。{笑い}
17K:	作んなきゃいけなくって，
18M:	ふーん。
19K:	ちょっとなんか，あのーなんだろ，布の量が多くて，
20M:	ほお // ーー。
21K:	縫うところが多くて，
22M:	え，あれ，それは和風の女神なの？それとも，
23K:	あ，違います。なんか，せい，西洋？// ギリシャみたいな？ {笑い}
24M:	あーなるほど。{笑い}
25M:	ちょっ，ちょっと分かった，ちょっと // 分かった。
26K:	みたいなやつ。{笑い}
27M:	なるほどね。
28K:	なんで，ちょっとなんか，1人じゃ大変だなーと思って，
29M:	あーあー。
30K:	お手伝いできる，人を探してるんですけ // ど。
31M:	あ，いいよ，全然。
32K:	え？大丈夫ですか。
33M:	あのー，実家だし，ミシンあるし，
34K:	はい。
35M:	たぶん時間も全然空いてるから行けると // 思うけど。
36K:	えー神ー // 神ー。{拝みながら}
37M:	大丈夫かな？
38K:	{笑い} ありがとうございます。
39M:	私でいいんだったら，うんうん。

40K:	え，お願いしていいですか，// じゃあ。
41M:	うんうん，あ。
42K:	後でじゃあなんか // 詳細とか。
43M:	あ，オッケーです，オッケーです。
44K:	LINE しときます。
45M:	オッケーです。お願いします。
46K:	ありがとうございます。{深々とお辞儀}
47M:	{笑う}
48K:	よろしくお願いします。
49M:	あー，うんうんうん。
50K:	頑張ります。
51M:	頑張って，頑張って。
52K:	じゃあ，また。
53M:	あ，またまた，じゃあねー。
54K:	はい。ありがとうございます。
55M:	はーい。

会話（2）依頼のロールプレイ会話（承諾）全 47 秒間：K（京子＝同期）⇒ C（蝶子＝同期）

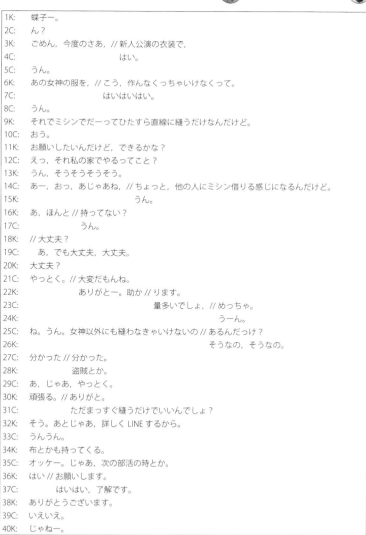

会話ビデオ
リンク

1K:	蝶子ー。
2C:	ん？
3K:	ごめん，今度のさあ，// 新人公演の衣装で，
4C:	はい。
5C:	うん。
6K:	あの女神の服を，// こう，作んなくっちゃいけなくって。
7C:	はいはいはい。
8C:	うん。
9K:	それでミシンでだーってひたすら直線に縫うだけなんだけど。
10C:	おう。
11K:	お願いしたいんだけど，できるかな？
12C:	えっ，それ私の家でやるってこと？
13K:	うん，そうそうそうそう。
14C:	あー，おっ，あじゃあね，// ちょっと，他の人にミシン借りる感じになるんだけど。
15K:	うん。
16K:	あ，ほんと // 持ってない？
17C:	うん。
18K:	// 大丈夫？
19C:	あ，でも大丈夫，大丈夫。
20K:	大丈夫？
21C:	やっとく。// 大変だもんね。
22K:	ありがとー。助か // ります。
23C:	量多いでしょ，// めっちゃ。
24K:	うーん。
25C:	ね。うん。女神以外にも縫わなきゃいけないの // あるんだっけ？
26K:	そうなの，そうなの。
27C:	分かった // 分かった。
28K:	盗賊とか。
29C:	あ，じゃあ，やっとく。
30K:	頑張る。// ありがと。
31C:	ただまっすぐ縫うだけでいいんでしょ？
32K:	そう。あとじゃあ，詳しく LINE するから。
33C:	うんうん。
34K:	布とかも持ってくる。
35C:	オッケー。じゃあ，次の部活の時とか。
36K:	はい // お願いします。
37C:	はいはい，了解です。
38K:	ありがとうございます。
39C:	いえいえ。
40K:	じゃねー。

会話（3）依頼のロールプレイ会話（承諾）全30秒間： 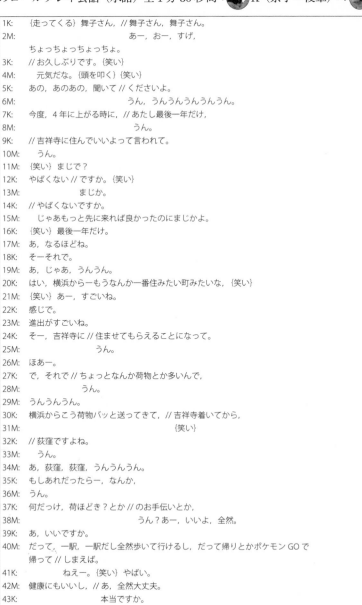K（京子＝先輩）⇒ R（律子＝後輩）

1K:	ねー律子ー。今度のさー，新人公演のー，衣装でー，	
	女神の服作んなきゃいけないんだけどさー，	
	あーのー，ちょっと1人じゃ大変だからー，	
	お家ミシンあるよね？ちょっと縫ってきてほしいんだけど，大丈夫？	
2R:	あ，大丈夫です。	
3K:	ほんとー，助かる。結構長いんだけど，大丈夫？	
4R:	大丈夫だと思います。	
5K:	ありがとう。またじゃあ後で，布とか持ってくるからー，	
6R:	はい。	
7K:	託します。お願いします。	
8R:	任されました。	
9K:	{笑い} じゃね。	

B. 引っ越しの手伝いを頼む

会話（4）依頼のロールプレイ会話（承諾）全1分36秒間： K（京子＝後輩）⇒ M（舞子＝先輩）

1K:	{走ってくる} 舞子さん，// 舞子さん，舞子さん。
2M:	あー，おー，すげ，
	ちょっちょっちょっちょ。
3K:	// お久しぶりです。{笑い}
4M:	元気だな。{頭を叩く} {笑い}
5K:	あの，あのあの，聞いて // くださいよ。
6M:	うん，うんうんうんうんうん。
7K:	今度，4年に上がる時に，// あたし最後一年だけ，
8M:	うん。
9K:	// 吉祥寺に住んでいいよって言われて。
10M:	うん。
11K:	{笑い} まじで？
12K:	やばくない // ですか。{笑い}
13M:	まじか。
14K:	// やばくないですか。
15M:	じゃあもっと先に来れば良かったのにまじかよ。
16K:	{笑い} 最後一年だけ。
17M:	あ，なるほどね。
18K:	そーそれで。
19M:	あ，じゃあ，うんうん。
20K:	はい，横浜からーもうなんか一番住みたい町みたいな，{笑い}
21M:	{笑い} あー，すごいね。
22K:	感じで。
23M:	進出がすごいね。
24K:	そー，吉祥寺に // 住ませてもらえることになって。
25M:	うん。
26K:	ほあー。
27K:	で，それで // ちょっとなんか荷物とか多いんで，
28M:	うん。
29M:	うんうんうん。
30K:	横浜からこう荷物バッと送ってきて，// 吉祥寺着いてから，
31M:	{笑い}
32K:	// 荻窪ですよね。
33M:	うん。
34M:	あ，荻窪，荻窪，うんうんうん。
35K:	もしあれだったらー，なんか，
36M:	うん。
37K:	何だっけ，荷ほどき？とか // のお手伝いとか，
38M:	うん？あー，いいよ，全然。
39K:	あ，いいですか。
40M:	だって，一駅，一駅だし全然歩いて行けるし，だって帰りとかポケモンGOで
	帰って // しまえば。
41K:	ねえー。{笑い} やばい。
42M:	健康にもいいし，// あ，全然大丈夫。
43K:	本当ですか。

44M:	え，吉祥寺のどこら辺に住むの？あの，
45K:	吉祥寺の公園の // ちょっと近くなんです // けど。
46M:	うん。
47M:	ん？じゃあ，あの閑静な方ね，閑静な方。
48K:	そー，めっちゃいいとこ。
49M:	いっすねー，いっすねー。
50K:	めっちゃいいとこ，
51M:	何それー。
52K:	見つけました。
53M:	いっすねー。じゃあ最後の一年を，
54K:	はい。
55M:	楽しんで。
56K:	楽しみます。
57M:	うん，うんうん。
58K:	え，だからもう近くなるんで， // ご飯行きましょ。
59M:	うん。
60M:	あーそうだね，そーだわ，それだわ。
61K:	ねねねね。
62M:	うん，映画館もあるからさあ。
63K:	そうそうそうそうそう。
64M:	そうだね。いいねえ，あ，吉祥寺いいねえ。
65K:	もう全然誘ってください。
66M:	あ，オッケーです，こっちこそ。あ，じゃあ頑張るね。じゃあ，それまでに体力付けとくんで。
67K:	やった。ええーっと春だからー，3月くらいになると // 思うんですけど，
68M:	あ，そっか。
69K:	まだちょっと // 詳しく業者と決めてなくって，
70M:	うん。
71M:	うん。
72K:	なんで，決まり次第また。
73M:	あ，そだね。 // でも全然暇だからいつでも。
74K:	はい。
75K:	やったー // やったー。
76M:	だーっす，だーっす。
77K:	ありがとうございます。
78M:	うん，うんうん。
79K:	え，じゃあまたー。
80M:	うんまた。
81K:	はい，ありがとうございます。
82M:	じゃあねー。うんうん，ばいばーい。

会話（5）依頼のロールプレイ会話（承諾）全2分58秒間：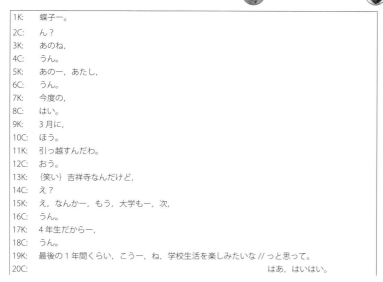K（京子＝同期）⇒ C（蝶子＝同期）

1K:	蝶子ー。
2C:	ん？
3K:	あのね，
4C:	うん。
5K:	あのー，あたし，
6C:	うん。
7K:	今度の，
8C:	はい。
9K:	3月に，
10C:	ほう。
11K:	引っ越すんだわ。
12C:	おう。
13K:	{笑い} 吉祥寺なんだけど，
14C:	え？
15K:	え，なんかー，もう，大学もー，次，
16C:	うん。
17K:	4年生だからー，
18C:	うん。
19K:	最後の1年間くらい，こうー，ね，学校生活を楽しみたいな // っと思って。
20C:	はあ，はいはい。

会話ビデオ
リンク

21K: 近くに引っ越す。
22C: え，一人暮らしするってこと？
23K: そういうこと。
24C: 最後なのに？ ｛笑い｝
25K: そう。
26C: ｛笑い｝ まじかー。
27K: でー，次の3月だから，2月中にね，
28C: うん。
29K: 引っ越しー，を，こう，済ませたいんだけど，
30C: 急だね。
31K: 急なんだけどね。
32C: うん。
33K: ｛笑い｝ なんか，// その手伝いをね，
34C: 　　　　　　　　　 2月一。
35C: はい。
36K: ちょっとね，蝶子にしてほしいなって思って。
37C: お，おう。
38K: あのー，なんだろ，洋服と // かー，
39C: 　　　　　　　　　　　　　　　あー。
40K: 色々いらないものとかもいっぱいあるからー，なんか，できれば女の子にやってほしくって。
41C: あ，なるほどね。
42K: うーん。
43C: ん，手伝いっていうのは，
44K: うん。
45C: 詰める手伝い？
46K: んー // っとー，
47C: 　　　　ではなく，持ってきた後にばらす，もっ，ん，どこら辺を手伝えばいいんだ？
48K: あ，あの，実家で詰める手伝い。
49C: あ，はいはいはい。
50K: とー，うん，まー，できれば，引っ越した // 後もー。
51C: 　　　　　　　　　　　　　　　　　　　　うーん，ま，そっちの方が吉祥寺だから。
52K: 確かに // ね。
53C: 　　　　私行けると思うんだけど。
54K: うん，引っ越した後だけでもいいんだけどー。
55C: 前が，実家で，
56K: 実家。
57C: なるほど。
58K: そう，横浜ちょっと遠いもんね。
59C: 一日くらいだったら行けると思う // けどね。
60K: 　　　　　　　　　　　　　　　　ほんと？ほんと？
　　　　　　　　　　　　　　　　（中略）
81C: お，おう，いいよ。
82K: ありがとー。助かる // ほんっと。
83C: 　　　　　　　　　　　なんか，ついでに横浜でおいしいラーメンでも食べよ。
84K: 食べよ。
85C: ｛笑い｝
86K: ｛笑い｝ // ありがと。
87C: 　　　　　で，3月2日ね。
88K: うん。
　　　　　　　　　　　　　　　　（中略）
113C: まだだいぶ先だもんね，// 3月って言ったら。
114K: 　　　　　　　　　　　　そうなのー。
115K: でも蝶子だけだよー。｛もたれかかる｝
116C: え？
117K: ほんとありがとー。
118C: え？だい，大丈夫？// 他に頼む人いなかった？
119K: 　　　　　　　　　　大丈夫。
120K: いなかった。
121C: そっか。｛笑い｝
122K: ｛笑い｝
123C: じゃ，まあ，でも，うん。
124K: うん。
125C: 何だろ，え？もう，段ボールが，中に運び込まれて後ばらすって感じね。

126K:	そうそうそうそう。
127C:	オッケ，オッケ。
128K:	そう，そんな感じです。
129C:	任しとき。//そういうの得意だから。
130K:	ありがとうございます。//ありがとうございます。{笑い}
131C:	{笑い} 人のねー，なんか，
132K:	うん。
133C:	物をー，かたすのは得意。
134K:	あ，そうなの？
135C:	そう，//自分の家は無理。
136K:	自分のはだめ？{笑い} 分かる。
137C:	うん。
138K:	じゃあまた後で。
139C:	オッケー，オッケー。
140K:	うん。
141C:	はいはい。

会話（6）依頼のロールプレイ会話（承諾）全 1 分 07 秒間： 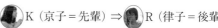 K（京子＝先輩）⇒ R（律子＝後輩）

会話ビデオ
リンク

1K:	律子。
2R:	はい。
3K:	あのね，私実はさー，引っ越すんだよー。
4R:	え，そうなんですか？
5K:	そうなの {笑い}，そうなの。3 月にー，あのー，吉祥寺のあたりに，引っ越すことになってー，でー，それで，あのー引っ越しのお手伝いを，実は頼みたいなーって思って。私の部屋にー，めちゃめちゃ衣装関連の，あの，布とかいっぱいあるからー，良かったら律子にも持って，あの，こう，必要そうなものを取ってって，ほしいなーって思ってー。
6R:	3 月ごろですか？
7K:	3 月の，そう，2 日に行かなきゃいけないからー，
8R:	あ。
9K:	その直前の，2 月末とか。
10R:	あ，大丈夫です。
11K:	大丈夫そう？ほんと？ありがとー。ちょっと遠いけど，あのー，横浜，の案内とかするから，
12R:	あ，いいですねー。
13K:	うん。{笑い} ありがと。助かります。じゃあ，また詳しくは，2 月のね，たぶん最終週くらいかなーって思うんだけど，頼むとしたら。学校もたぶん，ないと思うから，お願いします。{笑い}
14R:	よろしくお願いします。
15K:	お願いします。じゃ，またね。

タスク 2

タスク 1 の結果をグループで報告しましょう。

4　分析を振り返りましょう！

今回の「依頼のロールプレイ会話の分析」の感想，さらに分析したい点，今後の自身のコミュニケーションで気を付けたい点について書きましょう。

★今回分析したことを今後の自身の依頼の会話に活かしてみましょう！

関連する文献
蒲谷宏（2007）『大人の敬語コミュニケーション』筑摩書房
蒲谷宏（2013）『待遇コミュニケーション論』大修館書店
蒲谷宏・川口義一・坂本惠（1998）『敬語表現』大修館書店
蒲谷宏・川口義一・坂本惠・清ルミ・内海美也子（2006）『敬語表現教育の方法』大修館書店

Brown, P., & Levinson, S. C.（1987）*Politeness: Some universals in language usage*. Cambridge: Cambridge University Press.（ブラウン, P.・レヴィンソン, S. C. ／田中典子［監訳］斉藤早智子・津留寄毅・鶴田庸子・日野壽憲・山下早代子［訳］（2011）『ポライトネス—言語使用における，ある普遍現象—』研究社）

コラム 5　日本語の雑談⑤　〜メタメッセージ〜

　我々は，会話の中で，内容や気持ちなどのメッセージをどのように伝え合っているのでしょうか。まず，「おはよう！」と言われて，「おはよう！」という言葉を発することで，「朝の挨拶をしている」というメッセージを伝えることができます。しかし，言葉によるメッセージだけでなく，そのメッセージをどのように伝えるかによって，一緒に伝わってくるメッセージというものもあります。これを「メタメッセージ」といいます。例えば，「おはよう！」と言われて，下を向きながら暗い声で「おはよう……」と返した場合，「今日は元気がない」「あなたのことはあまり好きではない」といったメタメッセージが伝わるでしょう。一方，笑顔で明るい声で手を上げながら「おはよう！」と返した場合は，「今日は元気だ」「今日もあなたと良い関係を続けたい」というメタメッセージが伝わるでしょう。あるいは，「おはよう！」と言われて，何も反応しなかった場合は，「聞きたくない」「話したくない」といった悪いメタメッセージが伝わってしまいます。

　この他にも，相手の話にあいづちを適切に打つことで，「あなたの話に興味がある」「よく聞いている」というメタメッセージが伝わります。さらに，相手に質問をすることで，「あなたに興味がある」「もっと知りたい」というメタメッセージを伝えることができます。もし，これらのあいづちや質問もなく，暗い顔で下を向いてばかりいて，何も話さなければ，「話が面白くない」「あなたの話に興味がない」「意味が分からない」といったメタメッセージが伝わってしまうでしょう。自分の気持ちや態度を適切に伝え，思わぬ誤解をされないように，自分の話し方を工夫してみる必要があります。

関連する文献
中井陽子（2012）『インターアクション能力を育てる日本語の会話教育』ひつじ書房
中井陽子（2018）「基調講演　インターアクション能力を育てる会話教育のための理論・分析」『二〇一六年度メキシコ日本語教師会紀要』36-47.
　　https://docs.wixstatic.com/ugd/5ca4e3_cb6ee9c755f74347ba5146e7f2a456dc.pdf（2022 年 7 月 1 日）
Tannen, D.（1986）*That's not what I meant!: How conversational style makes or breaks relationship.* New York: Ballantine Books.

考えてみましょう！
1. あなたは，好きな人にどのように挨拶をするでしょうか。
2. あなたは，あまり好きではない人に会った時，または，機嫌が悪い時に，どのように挨拶するでしょうか。
3. あなたが話しているのに，相手から思うような反応が返ってこなかった時，どのように感じるでしょうか。

第6章　インタビューの会話の分析

1　考えてみましょう！

(1) どのような時にどのような人に何をインタビューするでしょうか。
(2) どのようにすればインタビューがうまくいくでしょうか。
(3) インタビューがうまくいかない場合，その原因は何でしょうか。
　　良くないインタビューの仕方には，どのようなものがあるでしょうか。

2　会話データを分析しましょう！

(1) インタビューの会話の印象評価
　　インタビュー会話 A（剣道部）とインタビュー会話 B（少林寺拳法部）では，それぞれ表 6-1 の大きな質問項目だけ事前に聞き手と話し手の両者に伝え，当日は，これを軸に即興で話を発展させています。

表 6-1　インタビュー会話 A, B での質問項目

a.　どうして部活に入ったか b.　部活に入って良かったこと，自分が成長できたと思うこと c.　部活で大変なこと，辞めたいと思ったことがあるか d.　部活をやっていて，日本の武道の精神をどのように感じたか， 　　日本の武道の精神がどのように身に付いたか e.　将来，部活の経験がどのように活かせると思うか

(2) インタビュー会話 A（剣道部）とインタビュー会話 B（少林寺拳法部）のビデオを見て，聞き手の役割という観点から，表 6-2 に示す印象評価項目ごとに 1 ～ 5 段階の評価とその評価コメントを記入しましょう。

表 6-2　印象評価項目（中井, 2019, p.82）

①参加態度・丁寧さ	言葉遣い，非言語行動，音調など
②質問内容	明瞭さ，話の引き出し方，掘り下げなど
③聞き手の反応の仕方	あいづち，繰り返し，言い換え，確認，意見・感想コメント，ほめなど
④話題の繋げ方・ 　展開のさせ方	まとめ，前置き，接続表現，話題の繋がり・膨らませ方，質問の順番など
⑤非言語行動	目線，うなずき，笑い，ジェスチャー，姿勢など
⑥事前準備	下調べ，質問項目の確認など
⑦相互行為・協力体制 　（話し手と聞き手）	息が合っている，協力的な態度，連帯感など

インタビュー会話 A（剣道部）　ビデオ視聴 0:00 ～ 5:16 まで（全 12 分 38 秒間）

会話データの設定：
話し手は剣道部の部員で，元部長でした。
聞き手は中学の時に剣道をしていた経験があります。また，聞き手は大学 1 年生の時に剣道部の体験稽古に参加したことがあり，話し手はそのことを覚えていました。

聞き手：大学 4 年生　　話し手：大学 4 年生

会話ビデオリンク

タスク 1

インタビュー会話 A（剣道部）の聞き手の印象評価をしましょう。

評価項目

①インタビューの参加態度・丁寧さ（言葉遣い，非言語行動，音調など）

非常に良い	良い	普通	あまり良くない	悪い
5	4	3	2	1

評価コメント

②質問内容（明瞭さ，話の引き出し方，掘り下げなど）

非常に良い	良い	普通	あまり良くない	悪い
5	4	3	2	1

評価コメント

③聞き手の反応の仕方（あいづち，繰り返し，言い換え，確認，意見・感想コメント，ほめなど）

非常に良い	良い	普通	あまり良くない	悪い
5	4	3	2	1

評価コメント

④話題の繋げ方・展開のさせ方（まとめ，前置き，接続表現，話題の繋がり・膨らませ方，質問の順番など）

非常に良い	良い	普通	あまり良くない	悪い
5	4	3	2	1

評価コメント

⑤非言語行動（目線，うなずき，笑い，ジェスチャー，姿勢など）

非常に良い	良い	普通	あまり良くない	悪い
5	4	3	2	1
評価コメント				

⑥事前準備（下調べ，質問項目の確認など）

非常に良い	良い	普通	あまり良くない	悪い
5	4	3	2	1
評価コメント				

⑦話し手と聞き手の相互行為・協力体制（息が合っている，協力的な態度，連帯感など）

非常に良い	良い	普通	あまり良くない	悪い
5	4	3	2	1
評価コメント				

インタビュー会話 B（少林寺拳法部）　ビデオ視聴 0:00 〜 7:10 まで（全 17 分 09 秒間）

会話データの設定：
話し手は少林寺拳法部の部長です。
2 人は初対面です。聞き手は子供の頃，空手の
経験があります。

聞き手：大学 4 年生　　話し手：大学 3 年生

会話ビデオ
リンク

タスク 2

インタビュー会話 B（少林寺拳法部）の聞き手の印象評価をしましょう。

評価項目

①インタビューの参加態度・丁寧さ（言葉遣い，非言語行動，音調など）

非常に良い	良い	普通	あまり良くない	悪い
5	4	3	2	1
評価コメント				

②質問内容（明瞭さ，話の引き出し方，掘り下げなど）

非常に良い	良い	普通	あまり良くない	悪い
5	4	3	2	1
評価コメント				

③聞き手の反応の仕方（あいづち，繰り返し，言い換え，確認，意見・感想コメント，ほめなど）

非常に良い	良い	普通	あまり良くない	悪い
5	4	3	2	1
評価コメント				

④話題の繋げ方・展開のさせ方（まとめ，前置き，接続表現，話題の繋がり・膨らませ方，質問の順番など）

非常に良い	良い	普通	あまり良くない	悪い
5	4	3	2	1
評価コメント				

⑤非言語行動（目線，うなずき，笑い，ジェスチャー，姿勢など）

非常に良い	良い	普通	あまり良くない	悪い
5	4	3	2	1
評価コメント				

⑥事前準備（下調べ，質問項目の確認など）

非常に良い	良い	普通	あまり良くない	悪い
5	4	3	2	1
評価コメント				

⑦話し手と聞き手の相互行為・協力体制（息が合っている，協力的な態度，連帯感など）

非常に良い	良い	普通	あまり良くない	悪い
5	4	3	2	1
評価コメント				

タスク3

　タスク1，2を踏まえて，インタビュー会話A（剣道部）とインタビュー会話B（少林寺部）の聞き手の役割について，総合的に比較してみましょう。

タスク4

　グループになって，タスク1，2，3の結果を他の人と比べましょう。

3　分析を振り返りましょう！

　今回の「インタビューの会話の分析」の感想，さらに分析したい点，今後の自身のコミュニケーションで気を付けたい点について書きましょう。

　★今回分析したことを今後の自身のインタビューの会話に活かしてみましょう！

関連する文献

中井陽子（2018）「インタビュー会話の分析活動から学ぶより良いインタビューの方法―会話データ分析の手法を学ぶ学部授業での実践をもとに―」『アカデミック・ジャパニーズ・ジャーナル』10, 36–44.
　　http://academicjapanese.jp/dl/ajj/ajj10.36-44.pdf（2022年7月1日）
中井陽子（2019）「日本人学部生によるインタビュー会話における聞き手の技能―印象評価・会話データ分析・フォローアップインタビューをもとに―」『東京外国語大学論集』98, 73–101.
　　http://repository.tufs.ac.jp/handle/10108/93954（2022年7月1日）

コラム6　日本語の雑談⑥　～日本語の会話の観察～

　日本語の教科書やコミュニケーションのマニュアル本などには，実際に日本語母語話者がどのように日本語で会話をしているのか，詳しいことまで説明がありません。また，場面や人間関係によって，会話の仕方も変わるでしょう。そこで，自分で日本語の会話を観察して学んでいく力，つまり，「メタ認知力」が必要になります。

　まずは，自分で日本語の会話をよく観察してみることが大切です。例えば，どのような話題についてよく話すのか，会話の話し手と聞き手がどのように協力して会話を作っているのか，あいづちやコメント，質問表現をどのように使っているのかなど，観察してみると面白い点はたくさんあります。観察する会話は，自分が参加している会話でもいいですし，ドラマなどの会話でもいいです。

　さらに，自分が参加している会話を録音・撮影して，観察してみることも会話能力を上達させる上で効果的です。録音・撮影した会話を後から観察して，自分がどのように話し手，聞き手として会話に参加しているか，うまくいった点，難しかった点などを振り返ってみることができます。もちろん会話を録音・撮影する際は，一緒に話している人に録音・撮影してもいいか許可を得る必要があるので，気を付ける必要があります。

　このように，他の人の話し方，自分の話し方を客観的に観察して，そこから自律的に学ぼうとすることで，うまく会話に参加するために必要な知識が得られます。それとともに，自分がどのように会話に参加するべきか客観的に考えて調整できるようになると考えられます。これは，会話の自律学習とも言えます。

関連する文献

中井陽子（2010）「第2章作って使う 第4節会話授業のさまざまな可能性を考える」尾﨑明人・椿由紀子・
　　中井陽子著 関正昭・土岐哲・平高史也編『日本語教育叢書「つくる」　会話教材を作る』スリーエー
　　ネットワーク, 135–188.

中井陽子（2012）『インターアクション能力を育てる日本語の会話教育』ひつじ書房

中井陽子（2018）「ワークショップ（導入）会話授業のデザインと授業例の紹介―インターアクション能力育
　　成を目指して―」『二〇一六年度メキシコ日本語教師会紀要』48-64.
　　https://docs.wixstatic.com/ugd/5ca4e3_cb6ee9c755f74347ba5146e7f2a456dc.pdf（2022年7月1日）

考えてみましょう！

1. あなたは，どのような場面の日本語の会話を観察してみたいですか。
2. あなたは，自分のどのような会話を観察してみたいですか。

第7章　話し合いの会話の分析

1　考えてみましょう！

(1) どのような時にどのような人と何について話し合いをするでしょうか。

(2) どのようにすれば話し合いがうまく行くでしょうか。

(3) 話し合いがうまく行かない場合，その原因は何でしょうか。
　　良くない話し合いの仕方には，どのようなものがあるでしょうか。

2　会話データを分析しましょう！

(1) 話し合いの会話（悪い例）のビデオを見て，気づいたことをメモしましょう。特に，各参加者の
　　参加の仕方を観察して，良くない点，改善点を考えましょう。

会話データの設定：
大学の日本人学生と留学生が参加する国際交流
会の企画について，国際交流サークル部員の
4人が話し合っています。Sは司会者です。
EとIは先輩，SとTは後輩です。
4人には，自分が一番悪いと思う話し合いの
仕方を演じてもらっています。

会話ビデオ
リンク

(2) 会話の文字化資料を見ながら，話し合いのどこが良くないか確認しましょう。

タスク1

内容面，進行面，言語面，非言語面，その他の観点から良くない部分を書き出しましょう

①内容面：

②進行面：

③言語面：

④非言語面：

⑤その他（態度など）：

国際交流の企画の話し合いの会話（悪い例）（0:00 ～ 5:00），全6分17秒間（途中1分20秒省略）

（中井, 2020, pp.83-84）

1	S	じゃあ，皆さん，えっと，集まっていただいてありがとうございます。今日は，えっと大学の国際交流会をどのように行うかについての，話し合いをしたいと思いますので，じゃあまず会の目的なんですけど，まあ，X大生と，まあ留学生の，交流，普通に生活してるだけだと意外とあんまり会う機会がないので，交流する機会が，あるといいなってことで，この会をするということで，いい，ですよね。　　　　　　　　　　　　　　**会の目的を確認する**
2	I	はい。
3	S	はーい，じゃあ，親睦の，書いておきますね。えっとじゃあ何か，そうですね，いつやったらいいかとか，アイデアあればどんどん出していただければって思います。　　　　　　　　　　　　　　**意見を求める**

4	E	目的，それでいいの？	否定・反論する
5	S	あ，だ，めですか。	確認する
6	E	え，私，結構会うけど。	主観的な意見を言う
7	S	(1.0) あ，(1.0) じゃあ，え？あ一意外こんなの，こういう会 {笑い} を作らなくても結構会ってるよ // ってことですか？	確認する
8	E	うん，うん。	
9	I	いやでも，会えない人のために，今回こういう交流会をしようって話になってんだからさ，	「でも」で始める・攻撃的に反論する
10	E	ああ，まあ。	諦めた感じで同意する
11	S	あ，ま，	
12	I	別にそれでいいんじゃない？	反論する
13	E	ああ，まあ，別に，うーん，まあ，いいと {笑い} 思うけど。	諦めた感じで同意する・ふてくされる
14	S	あー。	
15	I	いいよ，進めちゃっ // て。	強引に進行を促す
16	S	あ，そう，分かりました。えーと，{メモを取る}	進行を進めようとする
17	E	ふわっとしすぎじゃない？なんかその，会えないからって。現に会えてる人もいるんだしって思うと。	否定・反論を蒸し返す
18	S	(1.0) あー。	
19	I	え，なんで？	攻撃的に理由を問う
20	E	え，なんか，その，{笑い} 会えない，なかなか会えないからっていうんじゃなくて，もうちょっとちゃんとした目的を，// したほうがいいんじゃない。	揚げ足を取って，意見を言う
21	I	え，じゃあ，え，じゃあ，ちゃんとした目的って何？	攻撃的に確認する
22	E	いやそれは，これから話し合って決めることじゃない？	会の目的を皆で決めることを促す
23	I	だから現にでも，実際交流できてない人達がいるからっていうことで，この交流会しようっていう話になってるんじゃないの？	攻撃的に会の目的の確認をする
24	E	うーん。	
25	I	(7.0) だからさ，そういう交流会ーが，がなんかその，そのちゃんとした目的，っていうのがあるならそれはそれでいけど，別に今回はそういうことでやってる，やろうっていう話に，// いいんじゃないかな。	会の目的の確認
26	E	分かった分かった。うーん，はい，はい。	諦めた感じで同意する・ふてくされる
27	S	あ，大丈夫，ですかね。じゃあ，そうですね。まあ日時，いつやったら，いいですかね？なにか，アイデアがあれば。	進行を進めていいか確認する・意見を要求する
28	I	(1.0) まあ放課後？	提案する
29	S	// 放課後。	
30	I	// がいいんじゃないかな。	提案する
31	E	放課後？バイト，めっちゃ入ってるんだけど。	主観的な意見を言う
32	S	(1.0) あ。	
33	I	いや，あなたは入ってるかも // しれないけどさ。	攻撃的に否定・反論する
34	E	ああ，まあ，うーん。	諦めた感じで同意する・ふてくされる
35	S	あ，一応，メモで書いときますね。	書記をする
		（中略～ 4:40）	
79	I	てか，さっきからずっと，あ，あの，言ってないけど，何か意見ないの？	指名して意見を要求する
80	T	あ，ごめんなさい。話聞いてなかった // です。	話し合いに不参加だったことを述べる
81	E	え？ {笑い} 聞いてないとかあるの？ // ヤバくない？この至近距離で。	感情的に責める
82	T	すいませーん。	謝る
83	E	//4 人しかいないのに。	感情的に責める
84	T	いや，え，あ，そもそもこの会の目的って何でしたっけ？	会の目的の確認
85	E	いや，だ，え？	あきれて聞き返す
86	I	それは，最初に話した // じゃん。	感情的に責める
87	E	ちょ {笑い} 何で？何のためにここにいるのっていう感じなんだけど。	あきれて感情的に責める

タスク 2

　グループになって，タスク 1 の結果を他の人と比べましょう。

3　やってみましょう！

(1)　話し合いのテーマを a ～ c から 1 つ選んで，グループで話し合いをしてみましょう。
　　a.「大学の国際交流会」をどのように行うか
　　　（会の目的，日時，場所，参加者，会の内容と流れなど）
　　b. 授業で会話データ分析のグループ発表を行う際，何をどのように準備するか
　　　（テーマ，目的，方法，作業分担，締め切りなど）
　　c. グループメンバーの親睦会を企画する
　　　（日時，目的，内容，場所，参加者，予算など）

(2)　自分達のグループの話し合いは，どうでしたか。内容面，進行面，言語面，非言語面，その他の観点から，良かった点や足りなかった点，難しかった点を振り返り，自己分析しましょう。

4　分析を振り返りましょう！

　今回の「話し合いの会話の分析」の感想，さらに分析したい点，今後の自身のコミュニケーションで気を付けたい点について書きましょう。

　★今回分析したことを今後の自身の話し合いに活かしてみましょう！

関連する文献
寅丸真澄（2006）「日本語の討論の談話における「意見表明」の構造分析」『早稲田大学日本語教育研究』9, 23–35.
　　http://hdl.handle.net/2065/5810（2022 年 7 月 1 日）
中井陽子（2020）「話し合いの会話データ分析活動における学び―日本人学生と外国人留学生が参加する学部授業の分析―」『東京外国語大学論集』101, 73–93.
　　http://repository.tufs.ac.jp/handle/10108/95717（2022 年 7 月 1 日）
中井陽子（2021）「話し合いの仕方の変遷プロセスの分析―中国人日本語学習者を対象としたオンライン授業を対象に―」『東京外国語大学論集』102, 99–110.
　　http://repository.tufs.ac.jp/handle/10108/106518（2022 年 7 月 1 日）

コラム7　日本語の話し合い①　〜司会者の役割〜

　話し合いは，様々な場面や目的で行われます。大学の授業で何かの問題について話し合うこともあれば，ゼミで懇親会をどのように行うのか話し合うこともあります。あるいは，会社の中で商品の売り上げを上げるためにどうすればよいか話し合うこともあるでしょう。こうした話し合いを円滑に進めるためには，司会者の存在が重要になることがあります。

　では，司会者の役割として，どのようなことが重要なのでしょうか。まずは，時間の管理です。話し合いの時間は無限にはありません。忙しい中，メンバーが時間を合わせて集まっているなら，決められた時間の中でどのように効率よく話し合いを進められるかは，司会者の技量に左右されます。時間内に効率よく進めるためには，話す議題とその順番をあらかじめ決めておき，それに沿って話をまとめながら進めていかなければなりません。途中で話が違う方向に行ってしまったら，軌道修正が必要になります。今すぐに決められないことで皆が悩んで話が停滞してしまったら，その話は次回までに考えてくることにして，切り上げることも必要かもしれません。

　次に，話し合いのメンバーの意見をうまく引き出して，皆が納得する最も良い案にまとめていくことも求められます。メンバーの話す順番や話す回数などに気を配ることもあるでしょう。または，同じ人ばかりが強い意見を言っているが，メンバーがあまり納得していない場合は，他の人に新しい意見がないか聞いてみることも話し合いを前に進める上で役立ちます。あるいは，同じ意見に偏っていないか，その意見の長所と短所，リスクなどについて，多角的に考え，議論を深めるような質問を投げかけることも必要でしょう。さらに，様々な意見が出て，話が混乱し，意見が1つにまとまらない場合は，話してきた内容を一度整理してまとめるのもいい方法だと考えられます。

　このように，司会者には，様々な技量が必要であり，話し合いが円滑に進むかどうかは，ある程度，司会者の技量によると言えるかもしれません。

関連する文献
胡方方・石黒圭（2018）「司会役の役割─司会役はグループ・ディスカッションにどこまで貢献できるのか─」石黒圭編『どうすれば協働学習がうまくいくか─失敗から学ぶピア・リーディング授業の科学─』ココ出版, 127–150.

中井陽子（2020）「話し合いの会話データ分析活動における学び─日本人学生と外国人留学生が参加する学部授業の分析─」『東京外国語大学論集』101, 73-93.
　　http://repository.tufs.ac.jp/handle/10108/95717（2022年7月1日）

中井陽子（2021）「話し合いの仕方の変遷プロセスの分析─中国人日本語学習者を対象としたオンライン授業を対象に─」『東京外国語大学論集』102, 99–110.
　　http://repository.tufs.ac.jp/handle/10108/106518（2022年7月1日）

中井陽子・菅長理恵・渋谷博子（2020）「先輩留学生の体験談を読む活動における教師の役割─話し合いの発話の分析をもとに─」『東京外国語大学国際日本学研究』プレ創刊号, 98-113.
　　http://repository.tufs.ac.jp/bitstream/10108/94469/1/007.pdf

考えてみましょう！
　1.　あなたは，司会者をしたことがありますか。難しかったことは何ですか。
　2.　司会者の役割で一番大切なのは，何だと思いますか。

第**8**章　**留学の体験談の分析**

1　考えてみましょう！

（1）留学の経験がありますか。ある人は，留学の体験談を話すとしたら，どのようなことを話したいですか。ない人は，どのようなことを聞きたいですか。

（2）次の3種類の会話の特徴（例：会話の進め方や話題，会話参加者間のやり取りの仕方など）や，必要とされる能力・技能，配慮すべき点（例：表現面，内容面，構成面，進行面，対人面など）は，それぞれ何でしょうか。共通点と相違点を挙げましょう。

　a. 留学の体験談を話す（4人で）

　b. 留学の体験談のスピーチをする（1人で）

　c. 留学の意義について話し合って，それをまとめた発表ポスターを作成する（4人で）

2　会話データを分析しましょう！

（1）会話データの参加者の関係と属性を確認しましょう。

参加者の関係：
健太に留学経験のある友人を集めてもらいました。
修二と奈美は大学の同じゼミで，由利は修二と奈美と初対面でした。

表 8-1　会話参加者の背景

仮名	性別	身分／年齢	専門（留学国）	普段の会話への参加の仕方 （本人の自由記述）
健太	男性	修士1年生 20代前半	スペイン語学，社会言語学（スペイン）	聞き手になることが多い。
修二	男性	学部4年生 20代前半	通訳・翻訳，言語学（イギリス，オーストラリア）	よくしゃべる性格。
奈美	女性	学部4年生 20代前半	ドイツ語学，通訳・翻訳，社会言語学（ドイツ，イギリス）	一生懸命話を聞こうとして疲れてしまい，会話をすることに苦手意識がある。受け身で話を聞いていることが多い。
由利	女性	修士1年生 20代半ば	ラテンアメリカ地域研究，社会学（フランス，スペイン）	コミュニケーションをとることが好き。

(2) 上記の4人の参加者が表8-2の3種類の会話に参加しています。

表8-2　3種類の会話

会話データ	参加者
会話（1）留学の体験談の会話	健太，修二，奈美，由利
会話（2）留学の体験談のスピーチ	奈美
会話（3）留学の意義の話し合い	健太，修二，奈美，由利

(3) 3種類の会話ビデオを見て，それぞれの特徴の相違点や必要とされる能力・技能・配慮を分析しましょう。

タスク1

　まず，各会話のビデオ，文字化資料を見て，特徴を分析しましょう。特に，会話の進め方や話題，会話参加者間のやり取りの仕方・役割（話し手，聞き手，司会進行など），話す順番などの点についてよく観察しましょう。そして，各会話の参加者の会話感想シートの記述を見て，必要とされる能力・技能・配慮を考えましょう（例：表現面，内容面，構成面，進行面，対人面など）。

会話（1）留学の体験談の会話

会話データの設定：
参加者4人が自身の留学体験について1人ずつ順番に語り，それを聞きながら随時質問やコメントをしていくという会話を行いました（全19分間）。
会話の制限時間は設けず，話す順番や司会進行の役割分担なども特に決めず，参加者の自由に任せました。

会話ビデオリンク

① 「留学の体験談の会話」のビデオと文字化資料を見て，気づいた特徴をメモしましょう。

会話（1）留学の体験談の会話（奈美の留学体験）（5:40～9:30）全19分01秒間（中井, 2017, p.50）

63	健太：	じゃあ，続いて奈美さんに聞きたい // んですけど。	進行（次話者選択）
64	奈美：	私はイギリスに1年間？大学の方に，ロンドンじゃなくて北部の方に行ったんですけど。	
65	全員：	{笑い}	笑い
66	奈美：	ちょっと一応，ロンドンが人気だから {笑い}（健太：ふーん。）言うんですけど。	
67	奈美：	(2.0) 行ったかな。	
68	由利：	学部留学，ですか。	質問
69	奈美：	学部留学。3年生の時，3年生の秋から1年間。	
70	由利：	何勉強してたんですか。	質問
71	奈美：	えとー，色々取れ，私が留学に行こうと思ったのは，今通訳を専攻していて，英語，日本語の通訳を専攻していて，自分の英語力に自信がなかったから，だからその目的が英語力を上げたいっていうのだったんで，何か勉，特定の勉強したい分野があったわけじゃなかったから，幅広く取ったんですけど，あの一番集中的に取ったのは史学，（由利：うーん。）を取りました。{笑い} これが // 結構大変で一，	
72	修二：	史学っていうのは，あ，まあ言える範囲でどんな感じの歴史的なことを？	質問
73	奈美：	歴史は，ヨーロッパ史を中心に。（修二：ふーん。）やっぱり歴史っていうとヨーロッパがまずその，（修二：うん。）過去で中世，近代でこう，ぐっと引っ張って来たっていうようなものがあったから，あとキリスト教文化もそうだし？だから史学をやりたいなと思ってて，でー，その，イギリスっていう，そう，ヨーロッパの中の国で，歴史を勉強するっていうことに意義があるかなと思って，だからそこら辺を中心に。	

74	修二：	日本で勉強する，ま，いわゆる世界史っていうの，まあやるじゃないですか。その学んできた歴史と，その，実際あっちで勉強した歴史って何かやっぱ違いあった？	質問
75	奈美：	違いは，まず第一に私が，その高校時代にやってた世界史ってすっごい薄っぺらいなって思って｛笑い｝（健太・修二：ふーん。），そんなもんじゃなくてやっぱりその，文献を読まなきゃいけなくて，だから，その一次文献とか二次文献とかそういうのをすごい読んでいく中で，「あ，いろんな意見があるんだな」とか，いろんな歴史があって，この背景にはこういうものがあってとか，武器の種類とかー，これがこの時期にどう使われてたとか，そういうことも勉強したりしたから，もう全然深さが違った，かなあ。（修二：うん。）答えになってるかな。｛笑い｝	
		（中略〜 9:30）	
84	修二：	なる，なるほどー。まあ，一言で大学って言っても，そういうスタイルが違うんだね。（奈美：うん，うん。）すごい。えっ，そう言えば健太くんって，どこに行ってたんだっけ？	進行（評価的発話・まとめ・次話者選択）

②参加者 4 人による会話感想シートの記述を見て，「留学の体験談の会話」に必要とされる能力・技能や配慮していることを表8-3の右欄に記入しましょう。

表 8-3　留学の体験談の会話での能力・技能・配慮（会話感想シートの記述要約）
（中井, 2017, p.49）

	会話感想シートの記述	能力・技能・配慮
会話進行・維持	・まとめ役をやろうとしたが，あまりうまく役割を果たせなかった。（健太） ・沈黙しないように話題探しに必死だった。（健太） ・誰がどの話題をどれくらい話すのかなどの共有がされておらず，話題の切り替えが困難だった。（健太） ・4 人会話だと相手の質問や反応で話題が行ったり来たりし，仮に言い間違いや沈黙があっても誰かが場を繋いでくれた。（健太） ・会話の切れ目などで間ができた時，次の話題にスムーズに持っていくことは，私からはできなかった。（奈美） ・始まりと終わりのタイミングとまとめ方が難しかった。（由利） ・4 人で会話するので，サーブ，レシーブのリレーが途切れないよう，かつ盛り上がるよう相手の意見を理解した上で次の会話に繋げるようにした。（由利）	
話し手の立場	・自分の話に興味を持ってくれている印象があり，話しやすかった。（健太） ・気さくに自身が話す割合が多かった。（修二） ・思ったことを思ったままに自然に話せたと思う。（奈美） ・他の人がたくさん質問して会話をリードしてくれたので，話しやすかった。話の構成を考えず，内容に集中できた。（奈美）	
聞き手の立場	・自分とは異なる体験をしている人の面白い話を聞くことができた。（修二） ・スムーズに話が進み，質問も自然とできた。（修二） ・みんな全然違う経験をしていて面白く，興味を持って聞いていた。（奈美） ・目を見て話してくれたので，とても印象が良かった。（奈美） ・一人一人の話す内容をしっかり目を見て理解しようとしていた。（由利） ・あいづちを入れ，相手を否定することなく，受け入れた上で会話をさらに発展させる方向に持っていった（由利）。	
対人関係・雰囲気作り	・初対面同士が多く，互いに気を遣い雰囲気を良くしようとしていた。（健太） ・明るく各自の海外経験について話し合うことができた。（修二） ・和やかに会話できたと思う。（由利）	

会話（2）留学の体験談のスピーチ

会話データの設定：
自身の留学経験で良かったこと、大変だったことなどについて、即興で
モノローグのスピーチをしました。

会話ビデオ
リンク

①「留学の体験談のスピーチ」のビデオ，文字化資料を見て，気づいた特徴をメモしましょう。

会話（2）留学の体験談のスピーチ（奈美の留学体験についてのスピーチ）（0:00 〜 3:46）
　　　全3分46秒間（中井, 2017, p.51）

私は，イギリスの大学に，大学3年生の秋から，4年，3年生の秋から4年生の秋まで？留学，1年間留学をしていました。	行動説明
で，イギリスを選んだのは，それまでずっとイギリス英語に憧れていたっていうのと，あとー，歴史にすごく興味があって，ヨーロッパが今まで，昔，世界の歴史を引っ張ってきたっていう，も，ことがあったので，ぜひヨーロッパで歴史の勉強をしたいっていうのがあったからです。	イギリスを選んだ理由
でー，えっと，イギリスで何を勉強したかというと，私は実は大学，日本の大学では通訳を専攻しているんですけれども，そのために英語力を上げたいっていうのもあって，その，英語圏のイギリスを選んで，	イギリスを選んだ理由
で，イギリスで通訳のコースは取ることができなかったんですけれども，じゃあ折角だから自分が日本の大学では勉強していないことを勉強しようと思って，史学ーと，あと哲学を少し，あのー，授業を取って勉強しました。で，すごく，現地のイギリス人の学生と混じって授業を受けなければいけなかったので，すごく大変なこともたくさんあって，例えば，史学の授業では，史学なんでやっぱり資料をたくさん読まなければいけなくって，毎回毎回ひーひー言いながら一生懸命たくさんの資料を読んで行っていました。	行動説明
（中略〜 3:03）	
留学をしてー，あのー，実際に良かったなって思うことが，英語力を上げるっていう目的が達成できたことだと思います。日本にいると英語を話すのが恥ずかしかったり機会がなかったりー，話さなくてもいいやって｛笑い｝終わってしまうことが多いんですけど，でもー，あのー，イギリスに行くとやっぱり自分から話していかないと，生活ができないし，買い物もできないし，何もできないので，もう，嫌でもしゃべらなきゃいけないっていう環境に自分を置けたことは，すごく大きなことだったと思います。自分の殻を破ることもできましたし，そういうふうに1年間しっかりと自分1人で，英語で生活をしてきたってことによって，そのー，自分にすごく自信が持てるようになったと思います。	主張
以上で話を終わります。	切り上げ

②参加者4人による会話感想シートの記述を見て，「留学の体験談のスピーチ」に必要とされる能力・
技能や配慮していることを表8-4の右欄に記入しましょう。なお，「会話（2）留学の体験談のスピー
チ」は，奈美のスピーチですが，他の3人（健太，修二，由利）にも同様のテーマのスピーチを
行った後に，会話感想シートを書いてもらいました。

表 8-4　留学の体験談のスピーチでの能力・技能・配慮（会話感想シートの記述要約）
（中井, 2017, pp.50–51）

	会話感想シートの記述	能力・技能・配慮
語彙・文法	・文法的に正しく話そうとした。（健太）	
音声・スピード・非言語	・はっきりと分かりやすく話すことを意識した。（修二） ・目線がきょろきょろしてしまい，早口になってしまった。（奈美） ・一方的に区切りなくしゃべらないようにスピードに気を付けた。（由利） ・伝えたいことを言う時に目線を向けるようにした。（由利）	
構成	・自分で話の流れを考えなければならず，責任や負担が重かった。（健太） ・うまくまとまりがある形で話せなかった。（修二） ・話が矛盾しないように，話の流れに気を付けた。（奈美） ・1 人だと話の展開を自分で考えなければならず，「心」から話している感じではなく，むしろ「頭」で話している感じ。（奈美） ・筋が通った話し方になるように意識した。（由利） ・段階を踏んでまとめようとした。（由利） ・時系列で話そうとした。（由利）	
内容（話の要点）	・自分が言いたいことが言えたと思う。（奈美） ・一番言いたいことが言えていたか心配。（由利）	
時間管理	・スピーチの時間をうまく管理することが難しかった。（修二）	
対人関係	・1 人で話すため，丁寧な日本語で話した。（修二） ・相手に届けるという気持ちで話すようにした。（奈美） ・一番言いたいことが伝わっているか心配。（由利）	

会話（3）留学の意義の話し合い

会話データの設定：
「留学の意義とは何か」について，参加者 4 人がそれぞれ付箋に思い付いたことを書き出した後，10 分間という時間制限の中，互いにそれを見せ合いながら説明し，付箋の記述が似ているものごとに分類して，ポスターに貼り付けていきました（全 11 分 20 秒）。

会話ビデオ
リンク

その後ポスターを見せながら，学部生に向けて留学の意義について発表し，留学に行きたい気持ちにさせるという目標を掲げた架空の設定で話し合いを行いました。そして，実際にカメラの前で 4 人でポスター発表も行いました。

① 「留学の意義の話し合い」のビデオと文字化資料を見て，気づいた特徴をメモしましょう。

会話（3）留学の意義の話し合い（留学の意義に関する意見の対立）（1:30 ～ 6:35）全 11 分 15 秒間
（中井, 2017, p.53）

29	奈美：	{自分のポストイットを貼り付けながら} 自然な英語が身に付きました。	話題提示
30	健太：	あー，まあそれはでかいですね。自然なっていうその教科書に載ってるやつじゃないっていう。	同意
		(中略～ 2:28)	
39	由利：	え，3 人は語学一を勉強してるんだっけ。(1.0) 語学が専門っていうか。	確認
40	奈美：	今の，（由利：うん。）は，語学？	
		(中略～ 2:42)	
45	由利：	なんか私は全然語学はツールでしか（奈美：あー。）思ってないから，そういうふうにあんまり思わない？確かに本当の言語勉強するよりかはー，どっちかっていうといかにコミュニケーションを取るか，（奈美：うーん。）いかに人が思ってることこっちが汲み取って向こうにも分かってもらえるかっていう，そこを重視だからー，ほんとに言語はツールでしかない（奈美：うーん。）から，それよりかはコミュニケーション（奈美：あー。健太：うーん。）って何なのか。{自分のポストイットを持つ}	対立意見表明
46	奈美：	でも，{自分のポストイットを指しながら} この自然な英語っていうのは語学っていうよりも，その，コミュニケーションスタイルとしての（由利：あー。）本当のコミュニケーションスタイル，（健太：うん。）向こうの人がどういうのを好むのかとか，言い方もそうだし，（由利：あーー。）{微笑みながら} 言葉とかっていうのを // 全部含めて，私の，この自然なっていうのは。	自身の立場の説明
47	由利：	あー，ちょっと違う。	対立意見表明
		(中略～ 6:20)	
76	由利：	あの人何語しゃべってるとかって意識することもあるかもしれないんだけど，そういうんじゃなく，本当にあなたと話したくてっていう，あなたの意見が聞きたくてっていうのを意識するようになった。（奈美：あー。）あなたっていうふうに見るようになった。	自身の立場の説明
77	奈美：	違いを越えてっていう，（由利：そうかなー。）感じ。	妥協点の提案
78	健太：	価値観が変わった // っていう括りでたぶん置いたほうが僕はいいと思います。	妥協点の提案
79	由利：	そうそうそう。	同意
80	奈美：	価値観が変わる括りにしましょう。{由利のポストイットを貼る場所を指しながら} こっち。	

②参加者 4 人による会話感想シートの記述を見て，「留学の意義の話し合い」に必要とされる能力・技能や配慮していることを表 8-5 の右欄に記入しましょう。

表 8-5　留学の意義の話し合いでの能力・技能・配慮（会話感想シートの記述要約）
（中井, 2017, p.52）

	会話感想シートの記述	能力・技能・配慮
内容（意見の交換・対立・調整）	・4 人の体験談の会話の時よりも対立が多く，語調が強めで緊張した。（健太） ・皆，自分の意見に自信があり，容赦なく他の人に発言していた。（健太） ・それぞれ面白い意見があり，独自の新しいアイデアを出せた。（修二） ・アイデアを出し，皆の意見をまとめるのが難しかった。特に，互いの発言で意図した意味や物事の捉え方の違いにより，カテゴリー分けするのが難しかった。（修二） ・反対意見が出て議論をする場面もあり，深い話ができた。自分の考えもちゃんと伝えることができ，理解もしてもらえた。（奈美） ・体験談の会話とは違い，1 人 1 人の考えをまとめる作業だったので，どう意見を言うか，相手がどう出るか，どう妥協点を探すかが難しかった。（奈美） ・互いの考えや経験・背景が違い，ディベートのようになったが，互いに何を思って書いたのか，理由・背景をしっかり理解しようとしていた。（由利） ・似通ったことを書いていても実際に伝えたいニュアンスは全く別で，見ただけでは分からないことを説明することで理解し合えたことが良かった。（由利）	
時間管理	・タイムキーパー的な役割を果たすことができた。（健太） ・時間の制限がある中，長く説明しはじめる人がいた時に，どう会話を切って作業を進めるかが難しかった。（奈美）	
対人関係	・不和が生まれないように必死だった。（健太）	

タスク2

グループになって，タスク1の結果を他の人と比べましょう。

タスク3

タスク1, 2をもとに，3種の会話（1）（2）（3）について比較して，その結果をグループで報告しましょう。その際，表8-6を用いて，3種の会話の特徴や能力・技能，配慮の仕方などについて，a. 表現面（言語行動，非言語行動），b. 内容面（話題），c. 構成面・進行面（会話の流れ，進め方，司会進行の役割，話し手と聞き手の役割，話す順番など），d. 対人面（配慮の仕方）から整理してみましょう。

表 8-6　会話（1）（2）（3）の比較（会話の特徴，能力・技能，配慮すべき点）

	会話（1） 留学の体験談の会話	会話（2） 留学の体験談のスピーチ	会話（3） 留学の意義の話し合い
a. 表現面（言語行動， 　非言語行動）			
b. 内容面（話題）			
c. 構成面・進行面 　（会話の流れ，進め方， 　話す順番，司会進行 　の役割，話し手と 　聞き手の役割など）			
d. 対人面 　（配慮の仕方）			

3　分析を振り返りましょう！

今回の「留学の体験談の分析」の感想，さらに分析したい点，今後の自身のコミュニケーションで気を付けたい点について書きましょう。

★今回分析したことを今後の自身の体験談の会話に活かしてみましょう！

参考文献

中井陽子（2017）「会話の種類による参加者の配慮の違い―体験談の会話・スピーチ・話し合いの分析をもとに―」『アカデミック・ジャパニーズ・ジャーナル』9, 46-54.
　　http://academicjapanese.jp/dl/ajj/ajj9.46-54+.pdf（2022 年 7 月 1 日）

コラム 8　日本語の話し合い②　〜自分の意見を言う〜

　話し合いの中で，自分の意見を言う際に，どのようなことに気を付けたらいいのでしょうか。自分の意見を述べる際のマナーとして，哲学者であり言語学者のグライスが提唱する，会話をする際の「協調の原理（The cooperative principle）」が参考になります。この原理には，以下の 4 つの公理（maxim）があります。

　1 つ目は，「量の公理」です。自分が 1 回に話す長さに気を付けるべきだというものです。限られた話し合いの時間の中で，1 人が長く話しすぎると，他の人が平等に意見を言う時間を奪ってしまうことになるからです。また，1 つの意見を述べる時に，情報量が多すぎると，他の人が十分に理解できない可能性があるので，情報を整理して，少しずつ提示することも必要でしょう。もちろん情報の量が少なすぎても，意見が伝わらないし，全く何も話さないというのも，話し合いに参加していないと思われてしまうので，気を付けなければなりません。

　2 つ目は，「質の公理」です。十分な証拠のないことを話してはいけないということです。自分の考えがどのように適切なのか，その根拠やデータをしっかり示しつつ話すことが重要です。さらには，自分の意見の長所だけを示すのではなく，想定される短所やリスクも示しつつ，皆に考えてもらえるように意見を提示することも必要かもしれません。

　3 つ目は，「関連性の公理」です。議題になっていて，皆が今話している内容と関連することを話さなければならないということです。話し合いの途中で，自分がふと思い付いたことを話したくても，それが今の議題と関係のあるものか，皆が求めている内容か，よく考えてから話す必要があります。また，ある内容について，詳しく話しすぎるのも，場合によっては，話の要点が分かりにくく，話が脱線してしまっていると思われてしまうことがあるので要注意です。

　4 つ目は，「様式の公理」です。これは，要点が分かるように明確にかつ簡潔に話すべきだという，話し方に関することです。色々なことを話しすぎて，何が言いたいのか分からないという話し方では，皆が納得しないでしょう。また，話す際は，順序立てて論理的に分かりやすく話す必要もあるでしょう。

　以上のような点に気を付けて，話し合いの中で自分の意見を他の人に適切に伝えられるように話す必要があると言えます。話し合いもコミュニケーションの 1 つですから，人と人が言葉を使ってやり取りをする際の基本原理に戻って，適切に意見が言えるようになることが求められるのです。

関連する文献

橋内武（1999）『ディスコース―談話の織りなす世界―』くろしお出版

Grice, P. H.（1975）Logic and conversation. In P. Cole & J. L. Morgan（eds.）, *Syntax and semantics 3: Speech acts*. New York: Academic Press, 41–58.

考えてみましょう！

1. あなたは，自分の意見を言う際に，「協調の原理」の中で一番大切にしていることは何だと思いますか。
2. あなたが意見を言う時，一番難しいと思うことは何ですか。

第9章　面接場面と「聞き返し」の分析

1　考えてみましょう！

(1)　どのような時に面接を受けるでしょうか。

(2)　どのようにすれば面接で円滑なやり取りができるでしょうか。

(3)　次のような場合，どのように会話を続けますか。

> 例（1）「XXXX ですか？」と言われましたが，相手の話し声が小さくて聞き取れませんでした。
> 例（2）「田中さんのザユウノメイは何ですか」と面接で聞かれましたが，「ザユウノメイ」という言葉が分かりませんでした。
> 例（3）アルバイトの面接で「好きなことは何ですか。また，それを通して学んだことは何でしょうか」とあいまいな質問をされました。

2　確認しましょう！

　私達は，相手の話が聞き取れない時や分からない言葉があった時，また，相手の発話意図が理解できなかった時などに，「聞き返し」をします。「聞き返し」には，発話形式による分類や，表 9-1 のような発話意図による分類があります。

表 9-1　聞き返しの発話意図による分類 （尾崎（1993）をもとに作成）

分類	定義	例
1.　反復要求	聞き取れなかった言葉の繰り返しを求める。	もう一度言ってください。
2.　聞き取り確認要求	自分が聞き取ったことが正しいか確認する。	「ザユウノメイ」ですか。
3.　説明要求	聞き取ったことの説明を求める。	「ザユウノメイ」って，どういう意味ですか。
4.　理解確認要求	自分が理解したことが正しいか確認する。	「ザユウノメイ」って，自分が大切にしている言葉のことですか。
5.　反復／説明要求	繰り返しと説明を要求する。	もう一度お願いします。それ，どういう意味ですか。
6.　聞き取り確認要求／説明要求	自分が聞き取ったことを確認するとともに，説明を求める。	「ザユウノメイ」？それはどういう意味ですか。

　「聞き返し」については，表 9-1 の他，尾崎（2001）や許（2013），寅丸（2022）[1] などにおいて，研究目的に応じた様々な分類が示されています。「聞き返し」に関する先行研究を読み，分類の根拠となる発話意図や言語形式についての理解を深めましょう[2]。

3　会話データを分析しましょう！

(1)　2つのインターンシップ面接（接触場面）のロールプレイ会話のビデオを見て，以下の分析をしてみましょう。

インターンシップ面接 A

会話データの設定：
留学生 A（チョウ，学部 2 年生）がコンサルティング会社のインターンシップ面接を受けています。
面接官は日本人社員 2 人です。

社員 1　社員 2　　　　留学生 A（チョウ）

会話ビデオ
リンク

タスク 1

インターンシップ面接 A の会話ビデオと文字化資料を見て，表 9-1 の 1 〜 6 の分類のうち，どの「聞き返し」が行われているか考えましょう。また，あなたならどのような「聞き返し」をするか，記入しましょう。

会話例（1）留学生 A（チョウ）（6:05 〜 6:38）全 9 分 46 秒間（寅丸，2022, pp.29–30）

161	社 1:	とですね，個人的な会話になるかもしれないんですけれども，
162	留 A:	はい。
163	社 1:	座右の銘とかっていうものはありますか？
164	留 A:	「ザユウノメイ」， **聞き返しの分類　【　　　　　　　　　　　　　　　　　　　　　　】** **あなたならどう聞き返すか　【　　　　　　　　　　　　　　　　　　】**
165	社 1:	えー。
165	留 A:	<u>ってもう一度お願いできますか？</u> **聞き返しの分類　【　　　　　　　　　　　　　　　　　　　　　　】** **あなたならどう聞き返すか　【　　　　　　　　　　　　　　　　　　】**
167	社 1:	座右の銘。
168	留 A:	はい。
169	社 1:	何て言えばいいかな。
170	社 2:	座 // 右の銘。
171	留 A:	ああ「座右の銘」か。
172	社 2:	はい。
173	留 A:	<u>好きな言葉とか，// ことわざー，</u> **聞き返しの分類　【　　　　　　　　　　　　　　　　　　　　　　】** **あなたならどう聞き返すか　【　　　　　　　　　　　　　　　　　　】**
174	社 1:	ああそうです，そう // です。
175	社 2:	「モットー」みたいな。

1) 寅丸（2022）では，尾崎（2001）および許（2013）を踏まえ，中級日本語学習者と上級日本語学習者の面接場面における「聞き返し」について，言語形式と発話機能の両面に着目して，下表のような分類を行いました。なお，本分類の「エコー型」「非エコー型」（尾崎 2001）とは，「聞き返し」が先行発話の全体または一部を繰り返しているかどうかという観点による分類です。また，括弧内の「繰り返し」とは，「何？」のように先行発話の繰り返しを要求する発話機能を表します。詳細は，寅丸（2022）を参照してください。

「聞き返し」の分類（寅丸, 2022, p.23）

型		分類
エコー型	単純型	単純エコー型（訂正），単純エコー型（確認）
	複合型	複合エコー型（繰り返し），複合エコー型（確認），複合エコー型（説明）
非エコー型	感動詞型	感動詞型（繰り返し），感動詞型（説明）
	言い換え型	言い換え型（確認）
	その他型	その他型（繰り返し），その他型（確認），その他型（説明）

2) コミュニケーションの破綻（communication breakdown）が起きた際に用いられる「聞き返し」などの方策は，コミュニケーション・ストラテジーと呼ばれています。コミュニケーション・ストラテジーとは，会話を行う際に使用される方略で，Tarone（1981）によれば，言い換え（paraphrase），借用（borrowing），援助の要請（appeal for assistance），身振りの使用（mime），回避（avoidance）があるとされています。

176	留 A：	えーと，どうですかな。
177	社 2：	{笑い}
178	留 A：	タイムイズマネー，{笑い}
179	社 2：	// うーん。
180	留 A：	まあいい // ですかな。
181	社 1：	あー。
182	社 1：	時は金なりと。
183	社 2：	いいですね。
184	社 1：	分かりやすくていいですね。
185	社 2：	はい。

FUI
留 A：最初は聞き取れなかったが，後で音読みすることで座右の銘だと推測できた。
社 1：人となりをもう少しよく知りたいと思って質問した。
社 2：社員 1 が難しい言葉を使ってあえて試しているのかなと思った。分からないだろうなと思い，意味を教えようかと目で会話しようとした。

インターンシップ面接 B

会話データの設定：
留学生 B（ライ，学部 2 年生）がコンサルティング会社のインターンシップ面接を受けています。
面接官は日本人社員 2 人です。

会話ビデオリンク

タスク 2

　インターンシップ面接 B の会話ビデオと文字化資料を見て，表 9-1 の 1 〜 6 の分類のうち，どの「聞き返し」が行われているか考えましょう。また，あなたならどのような「聞き返し」をするか，記入しましょう。

会話例（2）留学生 B（ライ）（1:51 〜 2:32）全 8 分 05 秒間（寅丸, 2022, p.28）

58	社 1：	えーと，じゃあちょっと質問に移っていきたいんですけれども，え学生時代の話になるんですけれども，
59	留 B：	はい。
60	社 1：	部活動とかそういったものはやってらっしゃいましたか？
61	留 B：	あ，はい。
62	留 B：	そのサッカーの，うーん部活参加しました。
63	社 1：	サッカーに？
64	留 B：	はい。
65	社 1：	あ，なんかその部活動で学んだこととかそういったものがあれば，ちょっとお聞かせ願えますか？
66	留 B：	あーそのだ，その活動に関する？ 聞き返しの分類【　　　　　　　　　　　　　　　】または【　　　　　　　　　　　　】 あなたならどう聞き返すか【　　　　　　　　　　　　　　】
67	社 1：	はい。
68	留 B：	んーたぶんそんな特別なか，活動はないです。
69	社 1：	// あー。
70	留 B：	その，サッカーの試合を参加する // だけです。
71	社 2：	うーん。

FUI
留 B：特になし。
社 1：留学生 B が 68 と 70 で，明るく冗談のように返答してくれたら対応は変わったが，真顔で言われたので聞いて申し訳ないという気持ちになった。
社 2：相手の戸惑いや口ごもりに対して居心地が悪くなり，困った。

会話例（3）留学生 B（ライ）（5:28 〜 6:11）全 8 分 05 秒間（寅丸, 2022, p.27）

134	社1:	じゃ僕もちょっと個人的な質問です // けれども,
135	留B:	はい。
136	社1:	こう普段生活している上で,
137	留B:	はい。
138	社1:	こう, 気を付けていることとか, それからこうそうですね, 大事にしている言葉とか そういったものはありますか？
139	留B:	あーん,（3.0）その自分の, あ, すみません, その問題もう一度聞きたい。
		聞き返しの分類　【　　　　　　　　　　　　　　　　　　　】
		あなたならどう聞き返すか　【　　　　　　　　　　　　　　】
140	社1:	あ, えっと自分が,
141	留B:	はい。
142	社1:	えー大事にしている,
143	留B:	はい。
144	社1:	言葉や,
145	留B:	はい。
146	社1:	モットー, // といったものはございますか？
147	留B:	うーん。
148	留B:	あ, たぶん今はないと思います, はい。
149	社1:	あーそうですか, 分かりました。

FUI
留B：言語の習慣が異なっているので, 質問の意図が理解できなかった。そのため, 質問が続かないように 148 で否定の応答をした。
社1：質問しても回答がないので, 149 の後, このやり取りはやめて, 自己 PR をしてもらおうと思った。
社2：社員 1 と同時に 146 で「モットー」という言葉で言い換えようとした。

タスク3

会話ビデオを見て, 以下の a 〜 c の項目について, 良い点や不十分な点・改善方法を挙げましょう。
①気づいた点を空欄に書き込みましょう。
②書き込んだ内容についてグループで話し合いましょう。

	留学生 A（チョウ）	留学生 B（ライ）
a. 内容面・言語面（質問に対する応答の仕方, 聞き返し）		
b. 非言語面（目線, うなずき, 笑い, 表情, 手振り, 音調, 姿勢, 態度など）		
c. 面接の社会文化的知識（期待される回答内容への準備）		

4　分析を振り返りましょう！

今回の「面接場面と「聞き返し」の分析」の感想，さらに分析したい点，今後の自身のコミュニケーションで気を付けたい点について書きましょう。

★今回分析したことを今後の自身の面接の会話に活かしてみましょう！

参考文献

尾崎明人（1993）「接触場面のストラテジー──「聞き返し」の発話交換をめぐって──」『日本語教育』81, 19–30.

尾崎明人（2001）「接触場面における在日ブラジル人の「聞き返し」とその回避方略」『社会言語科学』4(1), 81–90.
　　https://doi.org/10.19024/jajls.4.1_81（2022 年 7 月 1 日）

許挺傑（2013）「接触場面における日本語学習者の聞き返し連鎖についての一考察──聞き返し連鎖定義の再検討と学習者の使用実態──」『筑波応用言語学研究』20, 16–29.
　　http://hdl.handle.net/2241/120646（2022 年 7 月 1 日）

寅丸真澄（2022）「インターンシップ面接場面におけるコミュニケーション・ストラテジー使用に関する一考察──中・上級日本語学習者の「聞き返し」の質的分析から──」『日本語教育研究』58, 19–35.
　　http://dx.doi.org/10.21808/KJJE.58.02（2022 年 7 月 1 日）
　　http://www.kaje.or.kr/html/sub04-04.asp（2022 年 7 月 1 日）

関連する文献

尾崎明人（1992）「「聞き返し」のストラテジーと日本語教育」カッケンブッシュ寛子・尾崎明人・鹿島央・藤原雅憲・籾山洋介編『日本語研究と日本語教育』名古屋大学出版会, 251–263.

尾崎明人・椿由紀子（2001）「電話会話における初級日本語学習者の「聞き返し」と「聞き返し」回避」『日本語・日本文化論集』9, 25–45.

椿由紀子（2010）「コミュニケーション・ストラテジーとしての「聞き返し」教育──実際場面で使用できる「聞き返し」をめざして──」『日本語教育』147, 97–111.
　　https://doi.org/10.20721/nihongokyoiku.147.0_97（2022 年 7 月 1 日）

蒙韜・中井陽子（2020）「中国人社員と日本人上司による許可求めのロールプレイ会話の分析──会話参加者の行動と意識から探る外国人材育成のヒント──」『国立国語研究所論集』19, 109–126.
　　http://doi.org/10.15084/00002831（2022 年 7 月 1 日）

Tarone, E. (1981) Some thoughts on the notion of communication strategy, *TESOL Quarterly*, 15(3), 285–295.

コラム9　日本語の話し合い③　〜反対意見を言う〜

　皆が納得して，気持ちよく話し合いを進めていくには，どのようなことが必要なのでしょうか。例えば，1人が強い意見を持っていて，他の人の意見を認めずに，自分の意見だけが正しいと思って話し続けていたら，他のメンバーは納得できないでしょう。自分の意見を述べる際は，他の人がそれに対してどのように感じているか様子を見つつ，少しずつ意見を述べて，皆の合意を得ながら話を進めていくことも必要です。そして，他の人の意見をよく聞き，それに対して良いと思う点を見つけながら，自分の意見との接点を見つけたり，新しい発想を得たりして，より良い意見を共に作っていく過程が重要だと考えられます。

　特に，他の人の意見と自分の意見が違う際は，反対意見の言い方に気を付ける必要があります。例えば，「あなたの意見は，間違っています。そんな考え方は良くないです。私の意見の方がいいです」などのような直接的に相手を否定するような表現は，日本語では避けた方がいいと言えます。意見を言う際，言語学者のリーチが提案する「丁寧さの原理（politeness principle）」が参考になります。その原理の中には，「同意の公理」（自己と他者の意見の不一致を最小限にせよ）と，「是認の公理」（他者への非難を最小限にせよ）というものがあります。これによると，相手の意見と自分の意見の不一致を最小限にした表現を使う必要があり，また，相手に対する非難を最小限にすることが「丁寧さ」に繋がるということになります。そのため，反対意見を言う際は，まず，「確かにそのような考え方もあると思いますが」「その意見の良い点は〜だと思いますが」などと，なるべく相手の意見を受け入れて認めているということを示すことが大切です。その上で，「しかし，〜のような考え方もあるのではないかと思います」「あるいは，〜のような案は，いかがでしょうか」などと自分の意見を代案として柔らかく言うことで，相手に配慮しながら，丁寧に自分の意見を伝えることができるでしょう。また，意見が違っても，相手の人格を否定して非難しているのではないということも伝えなければなりません。

　このように，話し合いをする際は，自分と違う意見を持つ人がいても，相手や相手の意見に配慮しながら，冷静に自分の意見を伝え，より良い意見は何か皆で検討していく姿勢が求められるのです。

関連する文献

中井陽子（2010）「第2章作って使う　第4節会話授業のさまざまな可能性を考える」尾﨑明人・椿由紀子・中井陽子著　関正昭・土岐哲・平高史也編『日本語教育叢書「つくる」　会話教材を作る』スリーエーネットワーク，135–188.

橋内武（1999）『ディスコース―談話の織りなす世界―』くろしお出版

Leech, G. N. (1983) *Principles of pragmatics*. London: Longman.

考えてみましょう！

1.　意見の不一致があった時，どうしたらいいと思いますか。
2.　反対意見を言い合うことのメリットとデメリットは何だと思いますか。

第10章　会話データ分析の研究計画からレポート・論文作成まで

　第1〜9章で，日常生活における様々な会話データの分析を行ってきました。本章では，これまでの分析活動を踏まえ，皆さん独自の研究計画を立て，会話データを収集・分析し，レポートや論文を書く流れを学んでもらいたいと思います。研究方法やレポートの書き方は，研究分野や研究目的によって様々なものがありますが，本章ではその中の例をいくつか示しながら，説明していきます。

　以下の1〜10の流れで，タスクに取り組みながら自分の研究課題を進めていってください。

---

1. レポートや論文の全体の構成を確認しましょう！
2. 研究計画を立てましょう！
3. 調べた先行研究の書誌情報をまとめましょう！
4. 先行研究のポイントをまとめましょう！
5. 調査の依頼をしましょう！
6. 会話データを収集しましょう！
7. 会話データを分析しましょう！
8. 発表資料のアウトラインを書きましょう！
9. レポートや論文の本文を書きましょう！
10. 提出前に確認しましょう！

1　レポートや論文の全体の構成を確認しましょう！

　レポートや論文の構成は分野によって異なりますが，ここでは，以下の「研究の目的，先行研究，調査の方法，分析，考察，結論，参考文献」という流れにそって，各項目で書くべきポイントを押さえていきましょう。

論文タイトル ← ・分析対象と分析方法が分かるようにする。
　　　　　　　　・副題を使用してもよい。

　　　　　　　　　　　　　　　　　　　　　氏名

1. 研究の目的
　・研究の目的は，「本研究の目的は〜である」と明確かつ簡潔に述べる。
　・研究の背景は，なぜその研究を行うのか，その背景や意義を述べる[1]。

2. 先行研究
　・関連分野において，すでに明らかになっていることを述べる。
　・「4. 分析」で扱う大切な概念や用語について全て説明する。
　・「先行研究」を踏まえ，分析に使用する用語を用いて，研究課題を明確に述べる。

3. 調査の方法
　・どのようなデータを，いつ，どのように，どれだけ収集したのか，具体的にまとめる。

4. 分析
　・「3. 調査の方法」で述べたデータを，どのような分析項目で，どのように分析したのか，

---

1)「研究の目的」と「研究の背景」を書く順番は，論理的であればどちらからでもいいです。

具体的に述べる[2]。
- 必要に応じて「4.1」「4.2」などと下位の節を設け，分析結果を述べる。
- 必要に応じて，文章だけでなく図や表などを用いて効果的に提示する。
- 必要に応じて，分析結果全体のポイントをまとめる。

5. 考察
- 「4. 分析」は分析結果を書くが，「5. 考察」では，<u>分析の結果から主張できる自分の意見</u>を述べる。
- 「4. 分析」のデータの量的集計や質的記述・説明は誰が行っても同じ結果になりうるが，その集計結果のどこに着目してどのような意見を持つのかは，人によって異なる。そのため，研究の独自性や分析の意義が打ち出せるような自分の意見を明確に述べるようにする。

6. 結論
- 再度，どのような分析を行い，何が明らかになったのかを，簡潔にまとめる。
- 先行研究と比較してどのような点に新規性があるのか，どのような研究の意義があるのかを述べる（これは，「5. 考察」で述べてもよい）。
- 今回の分析では分析対象外としたものの，今後の課題や発展的研究として重要であると考えられる点についてふれる。

参考文献
- 引用した全ての文献を載せる。
- 引用しなかった文献は，たとえ読んでいても載せない[3]。

著者名（出版年）『著書名』出版社名
執筆者名（出版年）「論文タイトル」『掲載雑誌名』巻数・号数，ページ数
執筆者名（出版年）「論文タイトル」編集者名『掲載著書名』出版社名，ページ数

タスク1

日常生活のどのような場面，どのような参加者で，どのようなやり取りの会話データを研究対象として取り上げたいですか。思い付くキーワードを挙げましょう。グループでデータ収集する場合は，【巻末資料1】の「会話データ収集計画書」を使って，研究の目的，会話の場所・場面，会話参加者の人間関係，会話の種類，分析項目，データ収集日・収集方法などについて，話し合ってもいいでしょう。詳しくは，次節以降で見ていきます。

2 研究計画を立てましょう！

研究対象として思い付いたキーワードを活用して，研究の目的を具体化し，研究計画を立てていきます。研究対象のキーワードを使って論文タイトルを考えましょう。

---

[2] 以下のように，「3. 調査の方法」の中で，「調査概要」と「分析枠組み」を分けて述べる場合もあります。
　3. 調査の方法
　　3.1 調査の概要／データの収集方法
　　3.2 分析方法
[3] 本文に引用した文献を「引用文献」，引用はしていないものの参考にした文献を「参考文献」とする場合もあります。ただし，「引用文献」の意味で「参考文献」とする場合もあります。

タスク 1

　研究の目的を具体的に書きましょう。必ずしも以下の表現に従う必要はありませんが、「①分析対象の会話の場面や会話参加者」「②明らかにしたい会話の特徴」を明確にしましょう。

> 本研究の目的は、①＿＿＿＿＿＿を対象に、②＿＿＿＿＿＿を明らかにすることである。

> 例（1）　本研究の目的は、①大学生を対象に、②事実とは異なることをほめられる場面に着目し、ほめられる側がどのように返答するのかを明らかにすることである。
>
> 例（2）　本研究の目的は、①母語場面における女子大生による二者と三者の初対面会話を対象に、②参加者の人数が異なることでどのように話題を開始して情報交換を行うのかを明らかにすることである。
>
> 例（3）　本研究の目的は、①好意を持つ後輩と好意を持たれる先輩を対象にして、②誘いの会話における「駆け引き」の特徴を明らかにすることである。

　①と②に入れる項目の例は、以下のようなものがあります。

		例
①	分析対象の会話の場面や会話参加者	母語場面、接触場面、初対面会話、友人との雑談、誘い、依頼、話し合い、インタビュー、体験談、面接、大学生の先輩と後輩、日本語母語話者と〇〇語母語話者、日本人学生と留学生、など
②	明らかにしたい会話の特徴	話題開始部・話題終了部の特徴、接触場面の話題開始、二者会話と三者会話の特徴、誘いの会話の展開構造、上下関係・負担の違いによる依頼の会話の特徴、インタビュー会話の印象評価、など

タスク 2

　タスク 1 の①②の点に着目した理由をメモしましょう。これをヒントに、「③研究の背景」を書いていきます。例（6）は、中井（2017）の記述をもとに、〈メモ〉から発展させた〈研究の背景〉の書き方を示したものです。

> ③研究の背景
> 例（4）　〈メモ〉美容院でヘアカットをしたが思うような仕上がりではなかったので、大学で友人にほめられて思わず否定してしまったが、友人が微妙な反応になってしまった。他の人はこのような場面でどう返答するのか関心を持った。類似の場面を設定し、大学生同士のほめの会話データを収集して比較してみたい。
>
> 例（5）　〈メモ〉サークルではじめて会った人と 2 人で話した時、すごくよく話す人だと思ったが、別の機会に別の人が加わって 3 人で話したら印象が違っていた。同じ人でも、会話参加者の人数が変わった場合に話し方はどう変わるのか関心を持った。これは、日本語学習者に対する会話教育にも役立つと思う。
>
> 例（6）　〈メモ〉ドラマで年下の男性が年上の女性を誘うシーンを見た。ドラマではうまくいっていたが、実際の大学生はどういうやり取りをするのか知りたい。ここから、人を誘う時のコツや注意点を探りたい。

↓

〈研究の背景〉日常生活の中で我々は何かの行動を共に行いたいと思って人を誘うことがあるが，これは，人間関係を深めたいという人間の欲求の１つであり，人間関係を構築していく上で欠かせない行為である。また同時に，誘われた際の受け答えの仕方によっては，互いの人間関係を危うくしてしまう可能性もはらんでいる。特に，上下関係があり，かつ好意を寄せる相手を誘うといった場合は，人間関係に十分配慮しながら会話が行われるものと思われる。

タスク3

タスク１で書いた研究の目的を達成するには，どのような設定で会話データを収集して，どのような分析を行う必要があるでしょうか。タスク１，２の①〜③を踏まえて，「④具体的な会話の場面設定」，「⑤会話データの種類・収集方法」，「⑥分析の観点」を具体的に考えましょう。可能であれば，「⑦本研究の意義・社会的貢献」として，自身の研究がどのような意義を持つのか，どのように社会に役立てることができるのかについても考えてみましょう。

そこで，④_____という場面を設定し，⑤_____により会話データを収集する。そして，⑥_____という観点から分析する。この分析結果を踏まえ，⑦_____する。

例（7）そこで，④満足していない外見の変化をほめられるという場面を設定し，⑤親しい大学生の友人同士を対象に談話完成法で会話データを収集する。そして，⑥ほめられる側の返答の仕方を分析する。⑦日常生活では，必ずしもほめる側とほめられる側の意識が一致していない場合があることに着目する点に本研究の特徴がある。

例（8）そこで，本研究では，④１人の参加者を固定して二者と三者という人数の異なる初対面会話を設定し，⑤録音・録画によりデータを収集する。そして，⑥話題開始と情報交換の量と型の集計を行い，⑦その結果を日本語学習者に対する会話教育の教材開発へ繋げるための観点を考察する。

例（9）そこで，④大学の後輩男性が好意を寄せる先輩女性を誘うという場面を設定し，⑤ロールプレイによってデータを収集する。そして，⑥誘いの会話の展開構造の中に現れる言語行動・非言語行動を「駆け引き」という観点から分析する。⑦これをもとに，日本語母語話者・非母語話者へのコミュニケーション教育に活かしていくことを目指したいと考える。

④〜⑦に入れる項目は，以下のようなものがあります。

		例
④	具体的な会話の場面設定	ほめられる側が満足していない外見の変化をほめるという場面
⑤	会話データの種類・収集方法	録音・録画[4)]，自然談話，ロールプレイ，オンライン録画，SNSのやり取り，映画『○○』，テレビ番組『▽▽』の録画，ドラマ『□□』のシナリオ，談話完成法[5)] など
⑥	分析の観点	ほめられる側の返答の仕方
⑦	本研究の意義・社会的貢献	日常生活では，必ずしもほめる側とほめられる側の意識が一致していない場合があることに着目する点

タスク4

　タスク１～３で書いた①～⑦の点の表現を使用して，論文タイトルを具体的に考えましょう。最初から１つに絞るのではなく，いくつか候補となるタイトルを書いて，どれが研究の特徴を最もよく表しているか検討しましょう。なお，論文タイトルは，広すぎるテーマではなく，分析対象と分析方法のキーワードを使用してテーマを絞ったものにしましょう。副題を付けてもいいですが，キーワードの重複がないかよく確認しましょう。

3　調べた先行研究の書誌情報をまとめましょう！

　研究課題に取り組む際は，どのような先行研究があるのか検索する必要があります。その際，図書館のホームページや国立情報学研究所の学術情報データベース CiNii〈https://cir.nii.ac.jp/〉がよく使用されます。研究のポイントとなるキーワードや研究者の氏名で検索すると，文献の情報が数多く得られます。先行研究のまとめ方は，分野によって異なりますが，書く内容は基本的に共通しています。ここでは，日本語教育の分野での手法を例として挙げます。

(1) 引用の仕方について

　引用の仕方には，①直接引用と②間接引用という２つの方法があります。どちらの方法であっても，引用であることを示す必要があります。引用を示すためにすべきことが２つあります。１つは本文で引用だと分かる表現で記述すること，もう１つは参考文献としてレポートや論文の最後に文献リストを記述することです。ここでは，以下の文献の引用の仕方を例として挙げます。

大場美和子（2019）「介護技術講習会における介助の談話の構造と日本語の問題の分析―EPA 介護福祉士候補者を対象に―」『社会言語科学』22(1), 107–124.
　　https://www.jstage.jst.go.jp/article/jajls/22/1/22_107/_article/-char/ja/（2022 年 7 月 1 日）

①直接引用

例（1）

> 直接引用の場合，ページ数を書く。

大場（2019, p.122）は，「介護の分野では異なる種類の介助として扱われる内容であっても，共通する構造を意識化できるように，5 種類の介助の談話を提示する可能性を指摘する」と述べている。

> 直接引用の開始と終了部分を「」で示す。

例（2）

介護技術講習会における介助の談話について，「介助の種類は異なっても共通する構造がある」（大場，2019, p.122）という指摘がある。

4）自然談話やロールプレイなどは，録音・録画の両方を行うのか，録音だけなのかを記載しましょう。
5）「談話完成法（Discourse completion test）」は本書では扱っていませんが，ある状況でどのようなやり取りになるのかを調査協力者に書いてもらって会話データを収集するものです。同じ状況でどのようなやり取りになると捉えているかという意識や知識を調査するのに有効であり，量的なデータ収集ができます。詳細は，田中（2006; 2013）などを参照してください。

②間接引用

　間接引用の際は，例（3）（4）の下線部のように，「～は，～を／と指摘している／述べている」「～によると，～という／ということである」などの表現を用いて，引用であることを示します。

> 間接引用の場合，ページ数を省略する。

例（3）

大場（2019）は，介助の種類は異なっても介助を行う際に「介助の動作の型」が出現すると述べている。

例（4）

介護技術講習会における介助の談話では，介助の種類は異なっても共通する構造が観察されるという（大場，2019）。

③本文での執筆者名の示し方と参考文献リストとの関係

　本文中では，例（5）のように執筆者の苗字と出版年を書きます。執筆者が多い場合，本文では「◇◇他（2021）」「（◇◇他，2021）」のように記述することもあります。

例（5）

～～～～～～～～～（○○, 2021）。
○○（2021）は，～～～～～～。
～～～～～～（○○・△△, 2021）。
○○・△△（2021）は，～～～～。

　本文で引用した文献は，必ず「参考文献」に入れます。逆に，読んだものの本文に引用しなかったという文献は入れません。引用した文献の載せ方については，「1. レポートや論文の全体の構成を確認しましょう！」の脚注3を参照してください。

(2) 参考文献の種類と書き方について

　調べた書誌情報は，「参考文献」としてリストの形で，すぐにまとめていきましょう。レポートや論文を書く時にそのまま使用できますし，後から必要になった際も書誌情報が整っていればすぐにその文献を見つけることができます。

　書籍や論文など参考文献の種類によって「参考文献」の書誌情報の書き方が異なります。著者だけでなく，編集・監修などの情報がある場合，その情報も記載します。奥付の順番に従って，全ての人の名前を必ず書きます。文献は，五十音順で，同一著者の文献の場合は古いものから並べてください。

　より詳しい引用の方法については，学会誌の投稿規定のサイトを参考にしてください。日本語教育学会の場合は，「『日本語教育』執筆の手引き」〈http://www.nkg.or.jp/pdf/shippitsunotebiki.pdf（2022年7月1日）〉に詳しい説明があります。

> 西暦のみ。「年」は不要。

> （株）などは不要。

> 開始と終了のページを入れる。

> 雑誌によって，巻，号，vol., No. などが異なる。

・書籍
　　著者名（出版年）『著書タイトル』出版社
・論文が何本も掲載されている書籍
　　執筆者名（出版年）「論文タイトル」書籍編者名『著書タイトル』出版社, xx-yy.
・雑誌に掲載されている論文
　　執筆者名（出版年）「論文タイトル」『雑誌タイトル』巻数・号数, xx-yy.

> **例（6）書籍の場合**
>
> 大場美和子（2012）『接触場面における三者会話の研究』ひつじ書房
>
> 中井陽子編著・大場美和子・寅丸真澄・増田将伸・宮﨑七湖・尹智鉉著（2017）『文献・インタビュー
> 　　調査から学ぶ会話データ分析の広がりと軌跡―研究から実践まで―』ナカニシヤ出版

> **例（7）書籍の中の論文の場合**
>
> 大場美和子・中井陽子（2007）「接触場面における一日の会話の分析―IRF の枠組みからみた会話への
> 　　参加のしかた―」南雅彦編『言語学と日本語教育Ⅴ』くろしお出版, 123–139.

> **例（8）雑誌に掲載された論文の場合**
>
> 大場美和子（2017）「介護福祉士国家試験の筆記試験における文法・語彙項目の分析―日本語能力試験
> 　　の観点から―」『小出記念日本語教育研究会論文集』25, 5–20.
> 　　http://www.koidekinen.net/pdf/2017_ohba.pdf（2022 年 7 月 1 日）

　論文には，「査読」という論文の審査があるものとないものがあります。学会誌の場合は通常，査読がありますが，大学の「紀要」は査読がない場合がほとんどです。できるだけ，査読付きの論文を読むようにしてください。査読の有無は，雑誌や学会誌に「投稿規定」があり，そこに説明があります。

　インターネット上に PDF ファイルで論文が公開されている場合がありますが，これも雑誌が紙ではないだけのことですので，上記と同じ書誌情報を必ず調べて書いてください。最近は，紙媒体ではなく，オンラインだけの論集もあります。紙媒体の有無にかかわらず，オンライン掲載のものは，URL とアクセス年月日を書いてください。

　文献以外にも，公的機関が公表しているホームページを引用する場合もあります。この場合，文献と同様の書誌情報に加え，URL，アクセス年月日を記載します。ホームページは，出版された書籍とは異なり，随時，更新されうるので，アクセス年月日が重要となります。なお，パソコンでレポートなどを書く際は，通常，URL のハイパーリンクは削除します。

> **例（9）**
>
> 出入国在留管理庁（2019）「平成 30 年における外国人入国者数及び日本人出国者数等について（確定
> 　　値）」
> 　　http://www.moj.go.jp/isa/publications/press/nyuukokukanri04_00080.html（2022 年 7 月 1 日）

　自分の研究分野に関係がありそうな様々な学会のホームページなどを確認し，研究の情報を集めてください。学会が発行する学会誌が査読付きの場合はぜひ読んでみてください。学会によってはインターネット上でも読むことができます[6]。

タスク 1

　関心を持つ研究のキーワードで文献を検索し，「（2）参考文献の種類と書き方について」をもとに，書誌情報を適切に整えて，参考文献リストを作成しましょう。

6）日本語教育などの分野に関心がある方は，以下のような学会・研究会のサイトを見てみてください。日本語教育学会のサイトには，教師募集情報や国外の活動など，日本語教育に関する情報もあります。
　アカデミック・ジャパニーズ研究会，異文化間教育学会，小出記念日本語教育学会，社会言語科学会，専門日本語教育学会，第二言語習得研究会，日本語教育学会，日本語教育方法研究会，ビジネス日本語研究会，など。

4 先行研究のポイントをまとめましょう！

　本格的に研究課題に取り組む際は，書誌情報を調べてまとめておいた参考文献リストをもとに，先行研究を再度読み直し，論文の重要な点や参考となる点を押さえる必要があります。このポイントをもとに，レポートや論文の「2. 先行研究」を書く際は，どの文献についても同じ情報（ポイント）を同じ順番で書くと，一貫性が出て読みやすくなります。普段から読んだ文献を記憶の新しいうちにまとめておきましょう。研究の課題によっては，先行研究が数多くある場合もあります。研究の目的を達成するために，どのような観点で，どの文献を，どのような流れで引用するのかを検討する必要も出てきます。その際に，複数の文献の情報を比較できるようにポイントをまとめておくと検討の際に役立ちます。

　以下の「①会話データ分析の先行研究のポイントの書き方」では，文献のポイントをどのように書いてまとめるかを説明しています。そして，「②会話データ分析の文献を読む際のポイント」では，文献で説明されている会話データの特徴や分析項目・結果などについて押さえておくポイントを示しています。最終的には複数の文献について情報を整理して，それらを比較できるようにまとめていきましょう。

①会話データ分析の先行研究のポイントの書き方

```
1. 研究の目的
　→端的に述べている文を探して抜き出してください。
2. 先行研究
　→どのようなことについて言及しているのか書いてください。
3. 調査の方法
　→どのようなデータを，どのように，どれだけ収集しているのかを書いてください。
4. 分析（方法と分析結果）・考察
　→何を，どのように分析したのか，そこから何が分かったのかを書いてください。
5. 結論
　→論文全体を通して新しく何が明らかになったのか，その明らかになったことにはどのような意味が
　　あるのか，書いてください。
6. 関心を持った点
　→目的，データ，調査方法，分析方法など，自分で関心を持った点，参考にしたい点，さらに調査し
　　たい点について書いてください。
```

②会話データ分析の文献を読む際のポイント

```
研究の目的
分析データ場面（母語場面，接触場面，両場面）
　　　使用言語
会話データの種類（自然談話，メディア，ロールプレイ，談話完成法，SNS，など）
　　　参加者（属性，人間関係，人数，など）
　　　会話の条件（収集時期，所要時間，回数，場所，設定，など）
　　　収集方法（動画，音声，その他）
分析項目
分析結果
```

タスク1

「①会話データ分析の先行研究のポイントの書き方」を踏まえて，自身の研究課題に取り組む際に参考にする先行研究のポイントを書きましょう。

タスク2

先行研究の執筆者名や論文のキーワードをもとに，さらに他の文献も検索してみましょう。タスク1と同様に，「①会話データ分析の先行研究のポイントの書き方」を踏まえて，新しく探してきた文献のポイントをまとめ，どの文献から何が明らかにされたのか，まだ何が明らかにされていないのかを確認しましょう。その際，「②会話データ分析の文献を読む際のポイント」を踏まえて，会話データの特徴もまとめましょう。新たな研究課題に繋がる可能性があります。

タスク3

練習として，以下の文献を読み，ポイントのキーワードを抜き出して，「③会話データ分析の文献情報リスト」にまとめてみましょう。そして，表から気が付いた点を書きましょう。

楊虹（2005）「中日接触場面の話題転換—中国語母語話者に注目して—」『言語文化と日本語教育』30, 31–40.
　　http://hdl.handle.net/10083/50454（2022 年 7 月 1 日）
山本綾（2017）「日本語母語話者–英語母語話者間の初対面会話における関係性の構築と交渉—English, Japan, Japanese をめぐる相互行為の分析—」『学苑』924, 10–22.
　　http://id.nii.ac.jp/1203/00006029/（2022 年 7 月 1 日）
大場美和子（2021）「母語場面における二者と三者の初対面会話の話題開始と情報交換の分析—会話データ分析の手法を学ぶ教材開発をめざして—」『昭和女子大学大学院言語教育・コミュニケーション研究』15, 1–15.
　　http://id.nii.ac.jp/1203/00006754/（2022 年 7 月 1 日）

③会話データ分析の文献情報リスト

文献	分析データ場面	会話データの種類	会話の参加者・条件・収集方法	分析項目	結果
楊（2005）	接触場面	自然談話	・日本語母語話者と中国語母語話者の初対面会話（女性，大学生，14 組）・日本語・20 分	・話題転換のパターン・話題転換ストラテジー	
山本（2017）					
大場（2021）					

一覧表から気が付いたこと・関心を持ったこと・参考にしたいこと

・日本語の接触場面で，学習者が中国語以外の母語話者の場合はどうなるか。

　このように，複数の先行研究のポイントを一覧表にまとめると，文献間を比較しやすくなります。研究の動向が見えてくるため，レポートや論文の「2. 先行研究」をまとめる際の参考になるでしょう。

5　調査の依頼をしましょう！

　会話参加者に調査への協力を依頼する際は，作成した「依頼書」を見せながら口頭で説明し，その場で会話参加者からの質問などにも答えると，お互い納得して調査ができます。この際，会話参加者に研究の目的を詳細に説明しすぎると，調査に影響する可能性もあります。説明は，調査に影響のない程度にとどめ，必要なら調査後に詳しく説明しましょう。会話参加者が調査に協力してくれる場合，協力内容について誤解がないように「同意書」で内容を確認した上で署名してもらいます。

　「依頼書」や「同意書」の書き方は，調査の内容によって異なります。「依頼書」や「同意書」を作成する際は，研究の目的を達成するために必要なデータが収集できるように書かれているか，会話データ分析が専門ではない人も読んで理解できるか，十分に検討する必要があります。

タスク1

　以下の例（1）「依頼書」と例（2）「同意書」を参考にしながら，研究の目的を踏まえ，調査の依頼書や同意書を作成しましょう。【巻末資料2】と【巻末資料3】にもさらに詳細な例があります。会話データ分析以外の研究分野でも，同様の書類に関する情報を紹介する文献がありますので（小林・篠崎編，2007など），調べてみましょう。

例（1）「依頼書」（簡略版）

○○に関する調査協力のお願い 　私は，（所属，専門，氏名など）です。今回の調査では，（調査の内容と方法について，分析に影響のない程度に説明）について調べたいと考えています。調査で得られた情報は，（使用目的と方法を説明）で使用し，その他の目的では使用しません。ご協力いただいた方のプライバシーには配慮します。分析結果についてもお伝えします。何か疑問点などがあれば下記まで遠慮なくお問い合わせください。 　どうぞよろしくお願いいたします。 　　　年　　月　　日 　　　　　　　　　　　　　　　　　　　　　　所属 　　　　　　　　　　　　　　　　　　　　　　氏名 　　　　　　　　　　　　　　　　　　　　　　連絡先

例（2）「同意書」（自然談話を収集する場合）

同意書

　　私は，○年○月○日に参加した会話の利用目的・方法について，「初対面会話の調査協力のお願い」を読んで理解しました。以下の【承諾する場合】のチェック（✓）を入れた項目に関して，調査者（○○○○）が利用することを承諾します。この際，以下の1）〜3）の項目を，調査者が遵守するものと理解します。
　　1）会話参加者本人が望まない内容については，分析やレポート・論文執筆を行わない。
　　2）氏名など，個人が特定されうる情報は決して公開しない。
　　3）分析やレポート・論文執筆後のデータの扱いは会話参加者本人の希望に合わせる。

【承諾する場合】
☐　録音・録画データを書き起こして文字化資料を作成し，分析を行ってもよい。
☐　録音・録画の文字化資料の一部を引用してゼミで発表してもよい。
☐　録音・録画の文字化資料の一部を引用してゼミのレポートや卒業論文を執筆してもよい。
☐　録音・録画データを，分析ならびにレポートや卒業論文執筆後も保存してもよい。
☐　録音・録画の文字化資料を，分析ならびにレポートや卒業論文執筆後も保存してもよい。

【承諾しない場合】
☐　録音・録画データを分析・発表・レポート・論文に使用することを承諾しない。

　　　年　　　月　　　日　　　ご署名＿＿＿＿＿＿＿＿＿＿＿＿＿＿

> 他に参加者から要望などがある場合，同意書の裏面や別の紙面に書いてもらうこともあります。

氏名
住所　〒
電話／メール

> 連絡の付く方法を確認してください。

　ロールプレイや談話完成法で会話データを収集する場合は，会話データの設定や会話参加者の役割について，会話参加者が読んで分かるように，「説明文」も書きましょう。研究課題の異なる人同士で読み合うと説明不足の点に気が付きやすいと思います。田中（2006; 2013）にも調査の事例や注意点の説明があるので，参照してください。

タスク2

　以下の例（3）（4）を参考にして，「研究の目的」「調査のポイント」を再確認し，調査の「説明文」を作成してください。まず，「研究の目的」を書き，次にそれを達成するためにはどのような点を押さえる必要があるのかについて，「調査のポイント」としてリストアップしましょう。次に，そのポイントを踏まえて，会話参加者に提示する「説明文」を書きましょう。談話完成法の「説明文」は，会話参加者に理解してもらえるか，会話参加者が会話を作りやすいか，研究の目的を達成できる設定か確認してください。ロールプレイの「説明文」は，「ロールカード」になる場合もあります。

例（3）研究の目的と「説明文」の関係の確認（ほめの談話完成法の調査）

〇研究の目的

本研究の目的は，友人同士の大学生を対象に，事実とは違うことをほめられる場面に着目し，ほめられる側がどのように返答するのかを明らかにすることである。そこで，満足していない外見の変化をほめられるという場面を設定し，親しい大学生の友人同士を対象に談話完成法で会話データを収集する。そして，ほめられる側の返答の仕方を分析する。

〇調査のポイント

・親しい大学生の友人同士でほめる対象：髪型。
・事実とは異なることをほめられる場面：気に入らない髪型をほめられる。
・ほめの表現は固定し，どのように返答するのか，その後のやり取りはどうなるのかを見たい。

〇説明文

あなたは，美容院でヘアカットをしてもらったのですが，思うような仕上がりではなく，あまり満足していません。朝，教室に入ってきた友人から「あ，髪切ったんだ。いいね」と言われました。あなたはどのように返答しますか。また，その後，友人とはどのようなやり取りになるか，実際の会話を思い浮かべて書いてください。

例（4）研究の目的と「説明文」の関係の確認（男女の誘いのロールプレイ調査）

〇研究の目的

本研究の目的は，好意を持つ後輩と好意を持たれる先輩を対象に，誘いの会話における「駆け引き」の特徴を明らかにすることである。そこで，大学の後輩男性が好意を寄せる先輩女性を誘うという場面を設定し，ロールプレイによってデータを収集する。そして，誘いの会話の展開構造の中に現れる言語行動・非言語行動を「駆け引き」という観点から分析する。

〇調査のポイント

・男性（後輩）が女性（先輩）に好意を持っている。
・男性が女性を遊園地に誘うが，女性は断る。
・どのように誘って，どのように断るのかを見たい。

〇ロールカード

後輩
　好意を寄せる先輩を遊園地に誘ってください。
先輩
　後輩から遊園地に誘われますが，断ってください。断る理由は自由です。

6　会話データを収集しましょう！

会話データの収集は，以下の（1）〜（6）のような手順で行います。

（1）会話データを収集するまでの事前準備

・会話データの収集ができる場所や時間帯を確認してください。そして，事前に，収集を予定している場所に，予定時刻と同じ時間帯に行き，周囲の雑音の程度も調べておくといいでしょう。

・会話参加者に，依頼書などを提示しながら研究の目的を説明して依頼を行います。

・会話参加者に対して，調査協力のお礼の方法，分析結果の報告の方法を説明します。

・会話参加者とデータ収集の日程を相談します。前日にはデータ収集の日時や場所などの再確認をしておくと安心できるでしょう。

・データ（収集データ，文字化資料，匿名化の対応表）の保存・保管・廃棄をどのようにするか明確にしておきます。特に共同研究の場合は，全員の共通理解の確認をしてください。

・匿名化の対応表は，例（1）のように，必要な情報を整理して作成してください。

　例（1）匿名化の対応表

記号	参加者	学年	母語	留学経験	外国語学習
J1	田中花子	学部 3 年	日本語	なし	英語
J2	山田太郎	修士 1 年	日本語	韓国 1 年	英語，韓国語 2 年
C1	王蘭欄	研究生	中国語	日本 3 か月	日本語 1 年

・仮名や個人が特定される情報の削除など，プライバシーに対してどのように配慮するのか明確にしておきます。

（2）会話データの収集当日の準備

・機材は確実に動作するか，保存媒体の容量は十分にあるか，確認します。

・部屋の準備（明るさの調整，エアコンや授業のチャイム，外の騒音などの音の確認），椅子やテーブルの準備をします。テーブルに時計を置いておくと便利です。

・会話参加者がリラックスして会話ができるように，机の上にお菓子や飲み物を置いておくのもいいでしょう。

・会話参加者が不安や疑問を感じないように，再度，必要な説明を行います。

（3）会話データの収集作業

　以下は，20 分程度の自由会話のデータを収集する手順の例です。調査の内容に応じて変更しましょう。
図 10-1 は，本書第 1 章の初対面会話（母語場面）を収集した際の様子です。

・参加者には，時計が見える位置に座ってもらいます。

・会話参加者にとってできるだけ自然な会話の状況に近づけることを考えると，調査者は撮影の部屋から退室した方がいいと思われますが，会話参加者と相談して決めるのが良いでしょう。部屋に調査者が残る場合は，部屋のどの位置にいれば目立たないか，事前によく検討しておきましょう。

・調査者が退室する場合は，ビデオカメラや IC レコーダーを設置し，録画・録音ボタンを押して退室し，部屋の前で待機して，何かあった場合に備えます。

・20 分程度経ったら，ドアや机をノックして会話の終了時間であることを知らせます。

図 10-1　第 1 章の初対面会話（母語場面）の撮影時の様子

・会話参加者の会話終了の合図で入室します。

・会話参加者にお礼を述べて，依頼書などの内容を再度確認し，同意書に記入してもらいます。同意書の原本は調査者が保管し，会話参加者にはそのコピーを渡します。同意書を2部用意しておき，署名後，1部を会話参加者に渡すという方法にしてもいいです。

・会話参加者からの疑問などがないか，確認します。

(4) 会話参加者の背景調査

　会話参加者の背景を知るために情報を集める必要があります。会話データ収集の前後に，【巻末資料4】のような「背景調査シート（日本語母語話者用）」を会話参加者に渡して，名前，性別，出身地，所属，職歴などについて記入してもらいましょう。調査の目的に応じて，外国語学習歴，海外滞在歴，外国人との接触経験や困難点の他，性格や普段の会話の参加の仕方などについて記入してもらってもいいでしょう。日本語非母語話者には，【巻末資料5】の「背景調査シート（日本語非母語話者用）」のように，日本語学習歴や日本滞在歴，日本語の会話での困難点などについて記入してもらいましょう。

(5) 会話感想シート

　会話参加後に，会話参加者が会話についてどのように感じたかという情報も分析を行う上で参考になります。会話データを収集した直後に，【巻末資料6】のような「会話感想シート（日本語母語話者用）」を会話参加者に渡して，会話の全体的な印象，会話相手の印象，会話で良かった点，難しかった点などについて記入してもらいましょう。日本語非母語話者の会話参加者には，【巻末資料7】の「会話感想シート（日本語非母語話者用）」のように，会話で理解できたのは何パーセント程度かについても記入してもらうといいでしょう。

(6) フォローアップ・インタビュー

　会話参加者が会話に参加していた際にどのようなことを感じていたのかなどについて，研究の目的に応じて，録画した会話データを見ながら詳しく聞いて探ることも，会話データを分析する上で貴重な情報となります。これをフォローアップ・インタビュー（FUI）と言います。FUIは，会話データを収集した直後，あるいは，遅くとも2週間以内にできるだけ早く行います。会話時に何を考えていたかといった詳細な記憶は，時間が経ってしまうとなくなってしまうからです。FUIは，以下の手順で行います。

FUI 前の準備

・FUIの日時を決める。可能であれば，会話データ収集の依頼の際に，FUIの依頼と日時決定もしておきましょう。

・FUIのために準備するものは，静かな部屋，会話データの録画が見られるパソコンなどの機材，ICレコーダー，筆記用具，メモ用紙などです。

・FUIを行う際の言語も決めておきましょう。日本語非母語話者の場合は，日本語レベルを確認し，レベルに合わせた日本語，または英語などの媒介語，日本語非母語話者の母語などを使いましょう。通訳者に協力してもらってもいいでしょう。

FUI 中

・会話直後に記入してもらった「背景調査シート」「会話感想シート」などの情報について確認し，FUI対象者から会話の感想について大まかな前提情報を得ておきましょう。

・FUI対象者とともに録画した会話データを見ながら，会話時の意識について話してもらいます。

　FUI 対象者には，録画データを見ながら，会話に参加している時に感じたこと，考えていたことなどがあれば，録画データを停止するので，随時，話してほしいということを伝えておきます。特に，第三者が録画データを見るだけでは分からない，本人の心の動きや，発話した理由，沈黙した理由などを教えてほしいとお願いしておきましょう。

・以下の「FUI 質問事項の例」を参考に，録画データを再生しながら，会話で気になった点，FUI 対象者に確認したい点があれば，録画データを停止して質問しましょう。その際，調査者の推測を押し付けるような誘導質問をしてはいけません。また，FUI 対象者が会話中に無意識に行った言語行動・非言語行動について，「どうして？」などとその理由を聞いても，FUI 対象者が答えられないこともあります。FUI 対象者が説明しにくいことを質問しすぎたりしないようにしましょう。

・FUI の際は，FUI 対象者が話してくれる内容に対して，良い聞き手となって，あいづちや質問，コメント，言い換え，笑顔などで興味を示し，FUI 対象者の話を十分に引き出せるように心がけましょう。

・FUI 対象者の話の概要を押さえるために，【巻末資料 8】のような「フォローアップ・インタビュー調査シート」に，録画データのカウンター数，場面・話題，コメントなどをメモしていくとよいでしょう。

・FUI の内容は，FUI 対象者の許可を得て，IC レコーダーやビデオカメラなどで，全て録音・録画させてもらい，その後，必要な箇所を聞きなおしたり文字化したりしましょう。FUI の文字化は，会話データの Excel 文字化資料のファイルの中の該当する発話の横に記入しておくと，データ整理・分析がしやすいでしょう。

・FUI 対象者が FUI で語ったことをレポートや論文にまとめる際は，「FUI で〜と述べていた」などと明確に書き，FUI 対象者が考えていたことと，実際の会話の様子の客観的な記述，および調査者の考察などと区別するようにしましょう。

FUI 質問事項の例

　なお，FUI のやり方や留意点については，ネウストプニー（1994），ファン（2002），中井（2002; 2012），村岡（2004）なども参考になるので，確認しておきましょう。

・何を考えていたか

・どうしてそのようなことを言ったのか／したのか

　　言語行動の理由：情報提供，情報要求，話題開始，あいづち，コメントなど

　　非言語行動の理由：笑い，うなずき，ジェスチャー，姿勢の変化，足の動きなど

・沈黙の理由

・不快に思った瞬間，違和感があると思った瞬間とその理由

・面白いと思った瞬間とその理由

・相手にどうしてほしかったか

・自分はもっとどうしたかったか

・したかったが，できなかったこと／言えなかったこと　　　　　など

7　会話データを分析しましょう！

　会話データを収集したら，会話で話していることを書き起こして文字化を行います。そして，その文字化資料を必要に応じて分析用に加工します。ここでは，Excel で分析の集計を行う例を紹介します。

（1）データの管理

　動画や音声データに名前を付けて保存します。収集日，参加者，内容，必要に応じて番号を付けてファイル間の区別ができるようにすると分かりやすいでしょう。

> 例（1）20221010　初対面女性同士の会話 01

（2）文字化資料の作成

　文字化資料の作成は，最初から Excel ファイルで作成する方法，および Word ファイルで作成してから分析用に Excel にコピーして書式を整える方法があります。自分に合った方法で作成してください。どちらの方法であっても，まず，ざっと聞き，書き取れる範囲で書き起こします。次に，スロー再生で聞きながら，文字化を完成させていきます。等倍速で文字化をすると余計に時間がかかります。最後に，全体をざっと聞き直して確認します。会話データと文字化資料は，ファイル名を同じものにすると分かりやすくなります。

（3）文字化資料の管理

　文字化資料の元のファイルはそのまま残し，分析用に，もう 1 つ Excel ファイルをコピーして使うと便利です。もし，元のデータが必要になった場合のためです。

　文字化や分析のシートの冒頭（左上）には，会話データ収集日や，作成年月日，会話データ名，作成者氏名などを記載します。

> 例（2）2022/10/10　○○○○文字化　　○田△子

修正を行った場合は，上記の記録の下に修正の年月日，修正者氏名，修正内容，修正箇所などを記録します。

> 例（3）2022/10/10　○○○○文字化　　○田△子
> 　　　 2022/10/20　▽▽▽▽文字化修正　　○田△子　　誤記の訂正（発話番号 336）

　匿名化の対応表に従い，文字化資料の中の個人情報を仮名や記号に変えるなどして匿名化します。データに関して特記事項や気づいた点があれば，そのつどメモをします。

（4）分析後の作業

　会話参加者に文字化資料を送付して削除の必要な部分を指摘してもらったり，作成したレポートを送付したりして，確認や報告を行います。

（5）Excel を活用した分析

　例（4）は，Excel を使用した分析用の文字化資料の例で，会話参加者の J1 さんと J2 さんのあいづちと繰り返しを集計しています。このように，Excel の表計算機能を使用して分析項目の集計を行うと，効率的でしょう。他にも多様な活用方法を紹介した文献（小林・篠崎編, 2007; 高崎・立川編, 2008 など）もありますので，調べてみましょう。

例（4）Excel を活用したあいづちと繰り返しの集計例

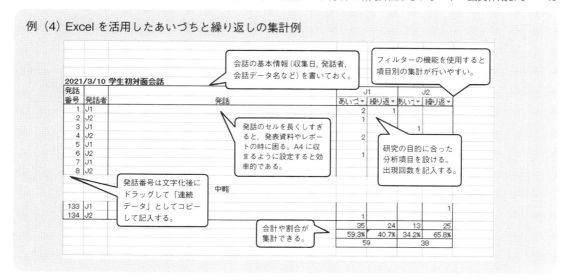

8　発表資料のアウトラインを書きましょう！

　会話データの分析ができたら，その結果についてデータを見ていない人にも分かるように一貫性を持ってまとめる必要があります。そのため，まずアウトラインを作成して，発表資料としてまとめます。そして，研究内容について発表して，他の人に質問やコメントをもらうことで，研究内容をより深めたり，レポートを推敲したりすることができます。

タスク1

　分析結果をもとに発表資料のアウトラインを書きましょう。「1. レポートや論文の全体の構成を確認しましょう！」で述べたように，レポートや論文の構成は様々なスタイルがあるので，各項目で書くべきポイントを押さえながら，レポートや論文の流れを考えましょう。

1. 研究の目的	分析対象の会話の場面や会話参加者／明らかにしたい会話の特徴／具体的な会話の場面設定／会話データの種類・収集方法／分析の観点／研究の背景，意義，社会的貢献
2. 先行研究	研究の目的／分析データ場面（母語場面，接触場面，両場面）／会話データの種類，詳細／分析項目／分析結果／本研究との違い／参考にする点
3. 調査の方法	会話参加者の詳細／収集の方法／収集時期
4. 分析	分析の方法／分析の結果
5. 考察	分析結果から主張できる自分の意見
6. 結論	研究全体のまとめ／明らかになった点／新規性，研究の意義／社会への貢献／今後の課題・発展的研究
参考文献	本文で引用した文献

タスク2

　アウトラインに沿って発表資料を作成しましょう。

タスク3

　発表資料をもとに，発表を行い，質疑応答でもらった質問やコメントを踏まえて，レポートや論文を執筆していきましょう。

9 レポートや論文の本文を書きましょう！

アウトラインでレポートや論文の流れが確認できたら，文章化しましょう。その際，以下のような表現がよく使用されます。会話例に記号を使用した場合は，「文字化表記方法」をレポート中に示しましょう。

論文タイトル

氏名

1. 研究の目的

本研究の目的は，〈分析対象の会話の場面や会話参加者〉を対象に，〈明らかにしたい会話の特徴〉を明らかにすることである。〈研究の背景〉ためである。そこで，〈具体的な会話の場面設定〉という場面を設定し，〈会話データの種類・収集方法〉により会話データを収集する。そして，〈分析の観点〉という観点から分析する。この分析結果を踏まえ，〈本研究の意義・社会的貢献〉する。

2. 先行研究

田中（20xx）は，〜を対象に，〜に着目して，〜の分析を行っている。この結果，まず，〜ということを明らかにしている。次に，〜としている。一方，鈴木（20xx）は，〜を対象に，〜に着目して，〜の分析を行っている。この結果，〜を／と指摘している／述べている。つまり，田中（20xx）によると〜であるのに対し，鈴木（20xx）によると〜ということである。

そこで，本研究では，田中（20xx）の〜に従い，〜の分析を行う。田中（20xx）は〜であるのに対し，本研究では〜である点に違いがある。

3. 調査の方法

データは，〜年〜月から〜月にかけて，〜を対象に，〜場面を設定して，録音・録画により収集した。〈＋必要に応じてデータの詳細の説明〉

図1は，〜である。

> 図についての説明文は，<u>図の前</u>に書く。

> 図のキャプションは，<u>図の下</u>に書く。

図1 会話参加者

4. 分析

分析は，まず〜を行い，次に〜を行った。

> 表についての説明文は，<u>表の前</u>に書く。

表1は，〜と〜の集計結果である。横軸は〜，縦軸は〜を表している。

表1 談話技能の集計

> 表のキャプションは，<u>表の上</u>に書く。

	あいづち	うなずき	○○	合計
NS	55（50.0%）	35（31.8%）	20（18.2%）	110（100%）
NNS	10（25.0%）	20（50.0%）	10（25.0%）	40（100%）
計	65（43.3%）	55（36.7%）	30（20.0%）	150（100%）

> 集計表では，実数と割合を出す。

表1より，特徴を3点指摘する。1点目に，〜。2点目に，〜。

例（1）は，AとBが〜について話している場面の会話で，〜という特徴が観察される。まず，1Aで●●●と述べてBの髪型をほめたのに対し，2Bでは▽▽▽▽▽▽と述べてそのほめを否定している。そして，3Aで〜と述べている。つまり，（ポイントを述べる）〜。

> 会話の説明は，<u>会話例の前</u>にする。

例（1）
1A：○○●●●
2B：▽▽▽▽▽▽
3A：○○●

> 考察では，意見の根拠として，4 章の集計結果や会話例を引用する。

5．考察

　4 章の分析結果を踏まえ，次の 2 点を主張する。1 点目は，〜である。〜と〜の集計より，〜ということが明らかとなった（表 1）。さらに会話例を分析した結果，〜という特徴が観察された（例（1）（2））。つまり，〜ということが言える。

6．結論

　以上，本研究では，〜を対象に，〜に着目して，〜の分析を行った。この結果，〜が明らかになった。つまり，〈研究の新規性／研究の意義〉であると言える。
　なお，〜については，十分に検討することができなかったため，〈今後の課題〉と考える。

文字化表記方法

,	○○○○○○○
↑	○○○○○○○
－	○○○○○○○

> 本文に使用した文字化の記号の一覧を示す。

参考文献
著者名（出版年）『著書名』出版社名
執筆者名（出版年）「論文タイトル」『掲載雑誌名』巻数・号数，ページ数
執筆者名（出版年）「論文タイトル」編集者名『掲載著書名』出版社名，ページ数

> 書式を確認する。

10　提出前に確認しましょう！

　レポートを提出する前に，書き上げたレポートの内容と書式について，チェックリストの問いに答えながら確認してください。他の人と一緒にレポートを読みながら確認すると，自分では気が付かない点も指摘し合えると思います。1 人の場合は，声に出して読んでみるといいかもしれません。

チェックリスト

全体
☐　指定された書式と分量で書いていますか。
☐　箇条書きではなく，文章で論じていますか。
☐　誤字・脱字のない状態ですか。
☐　ページ数を入れていますか。
論文タイトル
☐　論文タイトルには，分析の対象，分析の方法を示すキーワードを使用していますか。
☐　論文タイトルで使用している用語・表現に重複はありませんか。
☐　論文タイトルで使用している用語は，「1．研究の目的」で全て使用していますか。
1．研究の目的
☐　「1．研究の目的」では，分析対象，分析方法が明確に書かれていますか。
☐　「1．研究の目的」では，なぜその課題に取り組むのか説明していますか。
2．先行研究
☐　「2．先行研究」の引用は，直接引用・間接引用ともに引用だと分かるように書いていますか。

    ☐　「2．先行研究」の概要を具体的に述べ，なぜその先行研究を引用するのかについても説明していますか。

    ☐　「2．先行研究」と自分の研究課題はどのような点で異なるのか説明していますか。

3．調査の方法

    ☐　「3．調査の方法」では，調査の時期，調査対象者，データの種類，データ量など，客観的な情報を過不足なく説明していますか。

    ☐　「3．調査の方法」では，「同意書」の有無や，匿名化などのプライバシーへの配慮について説明していますか。

4．分析

    ☐　「4．分析」では，分析の全体像を最初に説明していますか。

    ☐　会話例に通し番号を付けていますか。

    ☐　図表に通し番号を付け，図表タイトルを適切な位置に書いていますか。

    ☐　図表・会話例の提示の前に，その図表や会話例の番号を引用しながら，それらについての基本的な説明を行っていますか。

    ☐　分析では，集計結果の数値を引用して客観的に現象を説明していますか。

    ☐　会話例では，「会話の背景や内容」の説明と，「分析の観点」の説明の両方を書いていますか。

    ☐　会話例に使用した文字化表記方法を提示していますか。

    ☐　分析において，集計結果や会話例の全てを説明していますか。

5．考察

    ☐　「5．考察」では，分析の集計結果や会話例を引用して根拠とともに意見を述べていますか。

    ☐　「5．考察」では，一般論や予想ではなく，分析結果を踏まえて独自の意見を述べていますか。

6．結論

    ☐　「6．結論」では，研究の目的に対して結論を述べていますか。

    ☐　先行研究と比較して新規性を述べていますか。

参考文献

    ☐　参考文献の書誌情報は過不足なく書いていますか。

    ☐　参考文献の書式は指示された通りに書いていますか。

    ☐　参考文献は，本文で引用したものを全て入れており，余分なものが入っていませんか。

タスク1

　上記のチェックリスト以外にも，【巻末資料9】の「レポートの自己・他者チェックリスト」を使って，内容，構成，表現などについて，レポートや論文を自己チェック，他者チェックして，より良いものになるように推敲しましょう。

　また，レポート作成，口頭発表の仕方やコツ，推敲のための自己分析，他者分析などについては，中井・鈴木（2013; 2014a; 2014b）なども参考にしましょう。

参考文献

大場美和子（2021）「母語場面における二者と三者の初対面会話の話題開始と情報交換の分析—会話データ分析の手法を学ぶ教材開発をめざして—」『昭和女子大学大学院言語教育・コミュニケーション研究』15, 1–15. http://id.nii.ac.jp/1203/00006754/（2022年7月1日）

小林隆・篠崎晃一編（2007）『ガイドブック方言調査』ひつじ書房

高崎みどり・立川和美編（2008）『ここからはじまる文章・談話』ひつじ書房

田中典子（2006）『プラグマティクス・ワークショップ—身のまわりの言葉を語用論的に見る—』春風社

田中典子（2013）『はじめての論文—語用論的な視点で調査・研究する—』春風社

中井陽子（2002）「初対面母語話者／非母語話者による日本語会話の話題開始部で用いられる疑問表現と会話の理解・

印象の関係―フォローアップ・インタビューをもとに―」『群馬大学留学生センター論集』2, 23-38.

中井陽子（2012）『インターアクション能力を育てる日本語の会話教育』ひつじ書房

中井陽子（2017）「誘いの会話の構造展開における駆け引きの分析―日本語母語話者同士の断りのロールプレイと
　　フォローアップ・インタビューをもとに―」『東京外国語大学論集』95, 105-125.
　　http://repository.tufs.ac.jp/bitstream/10108/89930/1/acs095008_ful.pdf7（2022 年 7 月 1 日）

中井陽子・鈴木孝恵（2013）「レポート作成と口頭発表を連携させたクラスにおける学習活動と学習項目の分析―
　　留学生に対する予備教育を例に―」WEB 版『日本語教育 実践研究フォーラム報告』1-10.
　　http://www.nkg.or.jp/pdf/jissenhokoku/2013_P06_nakai.pdf（2022 年 7 月 1 日）

中井陽子・鈴木孝恵（2014a）「レポート作成と口頭発表の学習プロセスにおける学習ストラテジーの分析―学習者に
　　応じた柔軟な活動デザインと支援のために―」『アカデミック・ジャパニーズ・ジャーナル』6, 12-22.
　　http://academicjapanese.jp/dl/ajj/ajj6.12-22.pdf（2022 年 7 月 1 日）

中井陽子・鈴木孝恵（2014b）「レポート作成と口頭発表のためのメタ認知能力の育成―学習者の自己分析・他者
　　分析・教師のフィードバックの関係から―」『留学生教育』19, 51-61.

ネウストプニー, J. V.（1994）「日本研究の方法論―データ収集の段階―」『待兼山論叢　日本学篇』28, 1-24.

ファン, S. K.（2002）「対象者の内省を調査する（1）: フォローアップ・インタビュー」ネウストプニー, J. V.・宮崎
　　里司編著『言語研究の方法―言語学・日本語学・日本語教育学に携わる人のために―』くろしお出版, 87-95.

村岡英裕（2004）「フォローアップ・インタビューにおける質問と応答」『接触場面の言語管理研究』3, 209-240.

山本綾（2017）「日本語母語話者-英語母語話者間の初対面会話における関係性の構築と交渉―English, Japan,
　　Japanese をめぐる相互行為の分析―」『学苑』924, 10-22.
　　http://id.nii.ac.jp/1203/00006029/（2022 年 7 月 1 日）

楊虹（2005）「中日接触場面の話題転換―中国語母語話者に注目して―」『言語文化と日本語教育』30, 31-40.
　　http://hdl.handle.net/10083/50454（2022 年 7 月 1 日）

関連する文献

ネウストプニー, J. V. ・宮崎里司編著（2002）『言語研究の方法―言語学・日本語学・日本語教育学に携わる人のため
　　に―』くろしお出版

コラム 10　会話データ分析を実践研究に活用する

　本書は，会話データ分析の手法によって明らかになった日常会話の特徴について，読者の皆さんが自身の日々の会話の中で，新たな学びや気づきを得られるように執筆されています。そして，そのような知見を上手に活用すれば，家族や友人，職場の同僚などとのコミュニケーションをより良くすることができるのではないでしょうか。

　また，会話データ分析の手法は，教育実践の現場でも活用されています（中井編著他, 2017）。例えば，寅丸（2013; 2017）で分析している日本語教育実践の例が挙げられます。このクラスでは，学習者が自由なテーマでレポートを書くという活動を行っていました。そして，学習者には，自身のレポートを執筆するとともに，他の学習者のレポートをより良くするために意見を述べることが期待されていました。ところが，そこに教室活動になじめない学習者がいました。その学習者は日本語能力の問題や特定の物事に対する固定観念のために，クラスメートのレポートに対して意見を述べないばかりか，強い口調で反論したり，相手の質問にきちんと答えなかったりしていました。そのため，教員も教室内で争いが起こるのではないかと何度かハラハラしたことがあります。しかし，周囲が根気よく問いかけ，レポートに真摯にコメントし，批判的な言動にも冷静かつ受容的な態度で接するうちに，その学習者は次第に打ち解け，自身の経験や考えなどを話すようになりました。そして，少しずつ話し合いに参加できるようになると，クラスメートの立場の違いを理解し，相手を尊重できるようになりました。さらに，学期終了時には，クラスメートのレポートに対して建設的な意見を述べたり，クラスメートに役立つ情報を積極的に提供したりするまでになりました。

　担当教師としては，実践の過程で「変わったな」という強い実感がありましたが，具体的にどのように変わったのか明確には分かりませんでした。そして，学期が終了して学習者同士の話し合いの録音データを文字化し，どのようなやり取りが行われていたのか分析してみると，興味深いことが明らかになりました。その学習者が誰とでも話すようになり，次第に発話量を増加させていったことや，クラスの中で「観察者」→「情報提供者」→「応答者」→「説得者」→「中心的話者」→「助言者」として参加者の役割を変化させていったことなどです。また，周囲に少しずつ理解され受け入れられていくことによって頑なな態度が弱まり，物事に対する視野が広がっていたことも分かりました。そして，そのような変化の背景を明らかにすることで，教室運営のあり方や，さらに，学習者の学びを促す相互行為のありようについて深く考えることができました（寅丸, 2013; 2017）。

　このような実践についての研究を「実践研究」（細川他, 2005）と呼びます。実践研究は，実践の過程でなされたり，終了後になされたりします。特に，教師が実践の終了後にその振り返りを行う際，学習者と教師，または学習者同士の会話を分析することによって得られる気づきは大きいです。そして，そのような実践研究を支える手法の1つとして「会話データ分析」が考えられます。

　皆さんは本書で得た知見や経験をどのように活かすのでしょうか。日常生活で活かす方や教育実践で活かす方など様々であろうと思われますが，皆さんが活躍されている多様な場でそれぞれ独自の方法で活かしていただければと思います。

参考文献

寅丸真澄（2013）「教室活動における相互行為の質とは何か─学習者の自己認識・他者認識の変容に着目して─」『早稲田日本語教育学』14, 1–25.（第 14, 15, 16 号合本 2014 年 2 月 13 日発行）
　　http://hdl.handle.net/2065/41571（2022 年 7 月 1 日）
寅丸真澄（2017）『学習者の自己形成・自己実現を支援する日本語教育』ココ出版
中井陽子編著　大場美和子・寅丸真澄・増田将伸・宮﨑七湖・尹智鉉著（2017）『文献・インタビュー調査から学ぶ会話データ分析の広がりと軌跡─研究から実践まで─』ナカニシヤ出版
細川英雄（2005）「実践研究とは何か─「私はどのような教室をめざすのか」という問い─」『日本語教育』126, 4–14.

コラム 11　「話がはずむ」から「対話」へ

　皆さんは，日常会話の場面で「話がはずむ」という体験をしたことがあるでしょうか。特定の人，あるいは特定の話題について話していると，会話が途切れずに続いて，楽しい時間を過ごせたという経験です。日常生活によくあることだと思いますが，このような現象はどうして生じるのでしょうか。

　まず，「話がはずむ」のは，皆さんと年齢や背景，興味，物事の考え方や感じ方が似ている会話相手との場合が多いのではないでしょうか。似ている部分が多いと，細かく説明しなくても言いたいことをすぐに理解してくれたり，共感してくれたりしますし，期待している反応が返ってくるので，気持ちよく話せます。また，人間にはもともと自尊感情があり，自分と似ている人に対しては肯定的な印象を持つため，さらに話したくなります。「話がはずむ」という現象の背景には，すぐに言いたいことの意味や意思が通じるという効率性と，理解や共感を得やすいという会話に対する満足感，そして自尊感情があるのではないかと考えられます。

　しかし，社会には自分と似ている人ばかりがいるわけではありません。経験や考え方，感じ方が異なる人がたくさんいます。特に，国や地域を越えた人々の交流が活発になっている現在，多様な人々とともに勉強したり，仕事をしたりする機会が増えています。そのような人とのコミュニケーションでは，「話がはずむ」相手に感じられるのと同じような理解や共感を，時間をかけて育てていくことが必要になります。

　では，具体的に，どのようなコミュニケーションをしていけばよいのでしょうか。それを知るためには，「話がはずむ」現象を会話データから分析して捉えるという方法も有効です。「話がはずむ」現象，つまり，会話参加者の間で理解や共感が得られている状況は，例えば，「発話量の均衡」や「話題の専有」（寅丸 2016, 2017）[1] という現象として説明することができます。まず，話がはずんでいる場合，会話参加者全員が話に参加する可能性が高くなり，「発話量の均衡」が起こりやすくなります。また，自分が最初の話題提供者であっても，他の会話参加者がその話題について「自分ごと」のように話すことが多くなるかもしれません。1 人だけがその話題の中心的話者になるのではなく，会話参加者全員がそれぞれその話題の中心的話者になり，その話題について「自分ごと」として考えるという状態です。つまり，「話題の専有」が起こると考えられます。

　寅丸（2016; 2017）では，自分にとって重要なテーマ（話題）でレポートを書くという日本語の教室活動において観察された上記のようなやり取りを「対話」[2] と呼んでいます。その教室活動では，学習者は自分にとって重要な話題，例えば「友情」「家族」などについて考えを深めレポートを書くと同時に，クラスメートにとって重要な話題，例えば「映画」「音楽」などについても「自分ごと」として考えて意見を述べることが求められます。そうした教室活動における学習者同士のやり取りを録音・文字化して教室談話分析を行ったところ，「話がはずむ」という状況とは異なりますが，学習者が自他の話題を「専有」していることが明らかになりました。そして，考えや感情のやり取りを行う過程で，多様な背景を持つ学習者同士に理解や共感が芽生え深まっていく様子が観察できました。

　このような「発話量の均衡」や「話題の専有」，「対話」に関わる知見は，授業をはじめ日常生活の様々な場面，すなわち，多様な人間同士の理解や共感が必要とされるこれからの社会や生活場面で活用できるのではないかと思います。ここに述べてきたことは，日本語の教室活動での会話から観察される一例にすぎませんが，皆さんも，それぞれの興味や問題意識を持って様々な場面の会話を観察，分析してみてください。そこから，日常生活をより豊かにするためのコミュニケーションの方法が学べると思います。

参考文献

寅丸真澄（2016）「日本語教室の相互行為における「話題」の専有（appropriation）―「対話」の談話分析を通して―」『小出記念日本語教育研究会論文集』24, 53–68.
　　https://koidekinen.net/pdf/2016_toramaru.pdf（2022 年 7 月 1 日）

寅丸真澄（2017）『学習者の自己形成・自己実現を支援する日本語教育』ココ出版

村瀬公胤（2006）「教室談話と学習」秋田喜代美編『授業研究と談話分析』放送大学教育振興会, 72–85.

ワーチ, J. V. ／佐藤公治・田島信元・黒須俊夫・石橋由美・上村佳代子訳（2002）『行為としての心』北大路書房（Wertch, J. V.（1998）*Mind as action*. NY: Oxford university Press.）

---

1) ワーチ（2002）は，「専有（appropriation）」を「他者に属する何かあるものを取り入れ，それを自分のものとする過程」（p.59）であると述べています。また，村瀬（2006）は，教室談話における「専有」として「引用」を挙げ，学習者は他者の意見を自身の中に取り込んで専有し，引用によって表出すると指摘しています。この場合の引用の例としては，たとえば教科書の文章，教員の説明，生徒の意見などが挙げられます。

2) 対話の概念は様々ありますので，興味がある方は調べてみましょう。また，例に示した「話題の専有」は教室活動の「対話」の 1 つの特徴にすぎません。やり取りの質が重要になりますので，詳しくは，寅丸（2017）を読んでください。

【巻末資料1】会話データ収集計画書

会話データ収集計画書

グループ番号／グループ名	
グループメンバー氏名	
1. 研究の目的	
2. 会話の場所 例）家，教室，食堂，店，バイト先	
3. 会話の目的・場面 例）初対面会話，雑談，話し合い，インタビュー，スピーチ，誘い，依頼，申し出，ほめ，告白，喧嘩，不満表明，授業中，食事中，部活中の会話	
4. 会話参加者の人間関係・候補者名 例）家族，友人，同僚，教師と生徒，先輩と後輩，上司と部下，店員と客，恋人，ライバル	
5. 会話の種類 例）自然談話，オンラインでの会話，SNS，ロールプレイ，談話完成法，テレビ番組，ドラマ，映画	
6. 分析項目 例）あいづち，挨拶，評価的発話，質問表現，フィラー，スピーチスタイル，展開構造，駆け引き，配慮，主導権，言葉の長さ・省略，言いさし発話，非言語行動（ジェスチャー，目線，うなずき，姿勢，笑い，表情など）	
7. データ収集日	
8. データ収集者名	
9. 収集方法 例）ビデオカメラ，オンライン録画，スマートフォン，タブレット	
10. 同意書の使用	使用する　　　使用しない
11. フォローアップ・インタビューの実施	実施する　　　実施しない

【巻末資料2】依頼書（詳細版）の例

初対面会話の調査協力のお願い

　私達は，日本語教育のゼミに所属して，会話データ分析について学んでいます。会話データ分析は，実際の会話データを録音・録画などによって収集し，その会話を書き起こした文字化データを見ながらやり取りの特徴の分析を行うものです。

　今回は，初対面会話のデータを収集し，そこで何をどのように話しているのかについて分析を行いたいと考えています。日本語学習者にとって，初対面の会話は，これから相手と仲良くなっていくために重要な会話となります。そこで，まず，日本語母語話者同士がどのような初対面会話を行っているのか，データから特徴を具体的に明らかにしたいと考えています。分析結果は，大学内外の国際交流だけでなく，日本人同士のコミュニケーション教育にも役立てていきたいと考えています。

　分析は以下のように行います。
　(1)　初対面会話の録音・録画を行う。
　(2)　録音・録画した会話を文字に書き起こして，文字化データを作成する。
　(3)　書き起こした文字化データを見ながら，○○の分析を行う。
　(4)　分析結果を授業で発表し，レポートを書く。

　データの分析結果は，日本語教育のゼミでの共有データとし，分析をした上で，ゼミの中で発表し，レポートを書きたいと考えています。また，もし，このゼミでの研究をさらに継続して深めたいと考えた場合，次年度の卒業論文でもデータを使用したいと考えています。

　この際，協力してくださった方の個人情報は，文字化データの時点で略記号に変え，個人が特定できないようにして扱います。分析以外の目的で収集データの複製を行ったり，他の目的で使用したりすることは一切ありません。文字化データの一部を例として引用することはありますが，文字化データの全体を発表することはありません。録音・録画・文字化データは，流出がないように○○に保存します。ゼミでの発表ならびにレポートや卒業論文執筆を行う際にはご報告します。

　レポートや卒業論文執筆後もデータは保存させていただきたいのですが，もし，望まれないようでしたら，データを再現できないように破棄いたします。

　以上の目的ならびに手続きで，初対面会話を収集させていただきたいのですが，ご協力，ご承諾いただけないでしょうか。次ページの「同意書」に段階別に意志を確認する欄を設けています。【承諾する場合】【承諾しない場合】の2つがあります。承諾していただける場合は，段階別に，承諾いただける内容の全てにチェック（✓）をご記入いただけるでしょうか。

　ご不明の点などがあれば，いつでも下記までお問い合わせください。今後，承諾した内容を変更したい場合も対応いたします。どうぞよろしくお願い申し上げます。

　　年　　月　　日

　　　　　　　　　　　　　　　　　　　所属
　　　　　　　　　　　　　　　　　　　氏名
　　　　　　　　　　　　　　　　　　　連絡先

【巻末資料3】同意書（依頼書・同意書の一括版）の例

同意書

　会話データ収集のご協力をありがとうございます。

　この度，ご参加いただいた会話データは，＿＿（研究成果の活用について説明する）＿＿ために，研究分析の対象とさせていただきたく存じます。

　また，この会話データは，調査代表者の＿＿（氏名）＿＿，及び，共同研究者のみが使用させていただくこととし，調査者が責任を持って保管いたします。

　ご提供くださいましたデータは，今後，授業・ゼミでの発表，学会発表，論文出版，教材などで，使わせていただければと存じます。

　なお，データ使用の際は，あなたのお名前や所属機関などの個人情報が分からない形にいたします。

　●以下，本データを公開してもよいものに，チェックをお願いいたします。
　　　　□　ゼミ発表　　　　　　　　□　学会発表・講演
　　　　□　卒業論文作成　　　　　　□　論文出版
　　　　□　卒業論文発表　　　　　　□　教材（日本語教育・日本語教員養成用等）

　●上記の公開の際，公開してもよい会話データにチェックをお願いいたします。
　　　　□　音声　　　□　動画　　　□　静止画　　　□　いずれも不可

　ご不明な点がございましたら，調査者（メールアドレスなどの連絡先）までよろしくお願いいたします。

同意文：
　私は上述の事柄を全て読み，不明な点は質問し，明らかにしたうえで，会話データを研究・教育のために使用することに同意します。

　ご署名：＿＿＿＿＿＿＿＿＿＿＿＿＿＿＿＿＿＿＿＿＿＿＿＿＿＿＿＿

　ご署名日時：＿＿＿＿＿＿＿＿＿＿＿＿＿＿＿＿＿＿＿＿＿＿＿＿＿

　Ｅメールアドレス：＿＿＿＿＿＿＿＿＿＿＿＿＿＿＿＿＿＿＿＿＿＿

【巻末資料4】会話参加者の背景調査シート（日本語母語話者用）

背景調査シート（日本語母語話者用）

1. 記入日	年　　　　月　　　　日		
2. 名前		3. 連絡先 （メールアドレス）	
4. 性別		5. 年齢	
6. 国・地域			
7. 出身地			
8. 大学／大学院 　　学年		9. 専門	
10. 外国語学習歴	期間	教育機関	レベル
11. 職業	期間	会社名・職種・業種など	勤務地
12. 海外滞在歴／留学歴			
13. 外国人との接触経験 　　（選んでください）	（　）ほぼ毎日　　　　　（　）週に2，3回程度 （　）週に1回程度　　　（　）月に1回程度 （　）ほとんどない　　　その他（　　　　　　　　　　　）		
14. 今まで日本語非母語 　　話者と話していて 　　感じた困難点			
15. 自身が外国語で話す 　　時の困難点			
16. 性格（普段の会話に 　　はどのように参加す 　　るタイプか）			

【巻末資料5】会話参加者の背景調査シート（日本語非母語話者用）

背景調査シート（Participant's Background）日本語非母語話者用

1. 記入日 Date	年　　　月　　　日		
2. 名前 Name		3. E-mail	
4. 性別 Sex		5. 年齢 Age	
6. 国・地域 Nationality/Region		7. 出身地 Birthplace/Region	
8. 母語 Native language			
9. 大学／大学院, 学年 University/Graduate school, Grade		10. 専門 Major	
11. 日本語学習歴 Japanese Study	期間 Year/Length of time	教育機関 Institution (s)	レベル／使用教科書 Level/Textbooks used
12. 職業 Occupation	期間 Year/Length of time	会社名・職種・業種など Company/Type of occupation	勤務地 Location
13. 日本滞在暦／留学歴 Residence in Japan/ Study abroad			
14. 日本人との接触経験 （選んでください） Frequency of interaction with Japanese people （Choose one）	（　）ほぼ毎日　　Almost daily （　）週に1回程度　　Once a week （　）ほとんどない　　Rarely	（　）週に2，3回程度　　Two or three times a week （　）月に1回程度　　Once a month その他 Other （　　　　　　　　）	
15. 日本語の会話での 困難点 Difficulties in communicating in Japanese			
16. 性格：普段の会話には どのように参加する タイプか Personality: When you have a conversation in your native language, what kind of a role do you usually take on?			

【巻末資料 6】会話感想シート（日本語母語話者用）

会話感想シート

名前：＿＿＿＿＿＿＿＿＿＿

1）会話の全体的な印象

2）会話相手の印象

3）会話で良かった点，うまくいった点

4）会話で難しかった点，違和感を覚えた点

5）その他，感想

【巻末資料7】会話感想シート（日本語非母語話者用）

会話感想シート（Comments on your conversation）
日本語非母語話者用

名前：＿＿＿＿＿＿＿＿＿＿

1）会話の全体的な印象 Overall impression of the conversation

2）会話相手の印象 Impression of your conversation partner

3）会話で良かった点 Things that went well in the conversation

4）会話で難しかった点 Things that did not go well in the conversation

5）会話の理解度（％）What percentage of the conversation did you understand?

6）その他，感想 Other comments

【巻末資料 8】 フォローアップ・インタビュー調査シート

会話番号：_____　FUI 者：_____　記入日：_____

ビデオカウンタ 00:00:00	場面・話題	コメント

【巻末資料9】レポートの自己・他者チェックリスト

★自分やクラスメートのレポートや論文を読んで，チェックリストの各項目ができているか確認し，
できていたらチェックを入れましょう。できていない場合は，どのように修正したらいいか話し合
いましょう。

(1) 序論について

確認ポイント	自己 チェック	さん チェック	さん チェック
・研究テーマの背景が分かりやすいか。			
・研究目的・動機・問題提起が明確か。			
・文章の流れが良いか。			
・レポート全体で何を書くか予告しているか。			
・専門以外の人もレポートに興味が持てるか。			

(2) 本論・全体について

内容	自己 チェック	さん チェック	さん チェック
・独自の視点からまとめているか。			
・分かりやすく書かれているか。			
・論理的に書かれているか。			
・客観的な根拠が示してあるか。			
・良い資料からよく調べられているか。			
・内容が焦点化して深められているか。			
・焦点化した理由が述べられているか。			
・内容の偏りがなくバランスよく書かれているか 　（例：利点と問題点）。			
・内容の間違いはないか。			
・適切な例を出して説明しているか。			
・分析・考察が深いか。			
・事実と意見が区別されているか。			
・レポートのタイトルと本論の章・節のタイトル 　は適切か，また，それぞれに関連性があるか。			
・文章の流れが良いか。			

構成	自己 チェック	さん チェック	さん チェック
・序論・本論・結論が繋がっているか，流れが良いか。			
・内容の順番，章・節の立て方・分け方が適切か。			
・何度も同じ内容を繰り返して冗長になっていないか。			
・内容がうまく整理されているか。			
・筆者の主張・焦点が効果的に伝わるような構成になっているか。			

表現	自己 チェック	さん チェック	さん チェック
・難しすぎる用語・表現を使っていないか。			
・専門用語の定義・説明があるか。			
・語彙・文法の間違いはないか，タイプミスがないか。			
・文頭の表現で同じものの繰り返しがないか （例：そして／〜によると）。			
・接続表現が正しく使われているか （例：まず／次に／それから／最後に）。			
・文末表現で同じものの繰り返しがないか （例：〜と考えられる／〜と言える／〜であろう／〜のではないだろうか）。			
・キーワードの言葉が同じ言葉で繰り返されているか（用語の統一）。			
・図・表を効果的に使っているか。			
・文章，図・表，スペース，レイアウトが見やすいか，読みやすいか。			
・図・表に通し番号が付けてあるか。			
・図・表の説明があるか，分かりやすいか。			
・引用マーク（出典）がきちんと付けられているか。			
・引用の仕方が正しいか。			
・参考文献リストがきちんとまとめられているか （筆者名，年，タイトル，出版社，ページ，URLなど）。			
・指定のフォーマットの通りレポートを作成しているか。			
・字の大きさ，行間が正しいか，見やすいか。			

（3）結論について

結論・まとめ	自己 チェック	さん チェック	さん チェック
・レポート全体のまとめが簡潔に書かれているか。			
・序論で述べた研究目的・動機・問題提起と関連 　があり，答えを出しているか。			
・主張が明確か。			
・独自の意見・提案などを出しているか。			
・今後の課題が述べられているか。			
・文章の流れが良いか。			
・文章がうまく完結しているか。			
・レポートを全部読んで良かったと思えるか。			

おわりに

　以上，本書では，日常の身近な場面で遭遇する様々な会話データを取り上げ，基礎的な分析練習を通して，会話データ分析の手法を学んできました。本書を通して，会話データ分析の手法だけでなく，そこから得られた知見をもとに，自身の日常の会話のあり方を振り返り，改善するヒントを得ていただけたようでしたら，幸いです。

　著者らは，これまで様々な会話データ分析を行い（例：雑談，誘い，インタビュー，話し合い，体験談，面接，教室活動の分析など），その成果を日本語教育，日本語教員養成・研修などの現場へ活かす試みを行ってきました。特に，これまで，中井（2008; 2009; 2010; 2012），大場（2013），中井他（2015）でも，日本語学習者や日本語教師を目指す方々が会話データ分析の手法を学び，会話を客観的に分析する視点を獲得して，自律的に自身の会話を振り返り，改善していく重要性を指摘してきました。

　このような会話を客観的に分析する視点を身に付けることが自身の日常の会話を振り返ることに繋がるという理念のもと，会話データ分析の手法について本書にまとめることができました。これによって，より広い分野や背景の方々に会話データ分析の手法について知っていただく機会ができ，大変光栄に思います。

　なお，本書は，2016 〜 2018 年度科学研究費（基盤研究（C））「会話データ分析の手法を用いたインターアクション能力育成のための教材開発」（16K02800，研究代表者：中井陽子），2019 〜 2021 年度科学研究費（基盤研究（C））「インターアクション能力育成のための会話データ分析の手法を学ぶ教材開発とその検証」（19K00702，研究代表者：中井陽子）の成果をまとめたものです。本科学研究費による教材開発プロジェクトの構想から 6 年以上にわたって，著者らで何度も相談を重ね，会話データの収集を行い，授業での試用版使用とその検証を行うプロセスは，何にも代えがたい貴重な経験となりました。改めて研究仲間の大切さと継続の力を実感しました。

　そして，本書を執筆するに当たって，様々な方々のご協力を得ました。まず，ナカニシヤ出版編集部長米谷龍幸氏に大変お世話になりました。本書の企画について初めてお話しした際，作成した教材や会話データのビデオなどをお見せしながら，4 時間以上コーヒーショップで本教材の構想について熱く語ったことが忘れられません。2017 年にナカニシヤ出版様から出していただいた『文献・インタビュー調査から学ぶ会話データ分析の広がりと軌跡―研究から実践まで―』に引き続き，本書も出版していただきました。会話データ分析に興味を持つ，より多くの学生さん達，先生方の手に届けられるようにしてくださったことに感謝いたします。また，本書を作成するに当たり，会話データ収集に参加してくださった方々，映像制作業者の萩原淳様，貴重な会話データをご提供・撮影・編集してくださり，ありがとうございました。そして，会話データの文字化作業，資料整理の他，教材に有益なコメントをくださった東京外国語大学の大学院生・修了生の皆様（高田光嗣氏，佐藤茉奈花氏，夏雨佳氏，丁一然氏，安間郁氏，御木挙氏，李肇馨氏，ベンジャミン・ラーソン氏），中井啓二氏にも感謝いたします。さらに，本書の授業用試用版で学び，議論をし，共に会話データ分析を行いながら，本書に対する貴重な意見をくださった東京外国語大学および昭和女子大学，早稲田大学の学生の皆様にも感謝申し上げます。

　このように，本書を作成するために，大変多くの方のご協力とご尽力をいただくことができました。皆で力を合わせて大切に生み出した種がより多くの皆様のもとでさらに大きく育って実を結んでいくことを願います。

中井陽子

参考文献

大場美和子（2013）「会話データ分析研究を活用した日本語教員養成課程の授業実践の分析―接触場面におけるコミュニケーション行動の問題を対象に―」『広島女学院大学国語国文学誌』43, 1–14.
　http://harp.lib.hiroshima-u.ac.jp/hju/metadata/12266（2022 年 7 月 1 日）
中井陽子（2008）「日本語の会話分析活動クラスの実践の可能性」細川英雄・ことばと文化の教育を考える会編著『ことばの教育を実践する・探究する―活動型日本語教育の広がり―』凡人社, 98–122.
中井陽子（2009）「会話を分析する視点の育成―コミュニケーション能力育成のための会話教育が行える日本語教員の養成にむけて―」『大養協論集 2008』55–60.
　https://daiyokyo.files.wordpress.com/2022/08/e4b8ade4ba95efbc882008efbc89.pdf（2022 年 7 月 1 日）
中井陽子（2010）「第 2 章作って使う 第 1 節モデル会話を作成して用いる」尾﨑明人・椿由紀子・中井陽子著 関正昭・土岐哲・平高史也編『日本語教育叢書「つくる」　会話教材を作る』スリーエーネットワーク, 40–79.
中井陽子（2012）『インターアクション能力を育てる日本語の会話教育』ひつじ書房
中井陽子・赤木美香・王婷婷（2015）「会話データ分析による「研究と実践の連携」の意識化の試み―大学院日本語教員養成課程の演習を例に―」『大学日本語教員養成課程研究協議会論集』11, 1–14.
　https://daiyokyo.files.wordpress.com/2015/03/nakai.pdf（2022 年 7 月 1 日）

事項索引

執筆者紹介

中井 陽子（なかい ようこ）
東京外国語大学大学院国際日本学研究院教授
執筆担当：はしがき，本書の使い方，本書における会話データ分析の
導入概念・分析項目，第1・2・3・4・5・6・7・8・9・10章，巻末資
料，第2章プロジェクト、コラム1・2・3・4・5・6・7・8・9
おわりに

大場 美和子（おおば みわこ）
昭和女子大学大学院文学研究科言語教育・コミュニケーション専攻
／人間文化学部日本語日本文学科准教授
執筆担当：第1・10章，巻末資料

寅丸 真澄（とらまる ますみ）
早稲田大学日本語教育研究センター准教授
執筆担当：第9章，コラム10・11

会話データ分析の実際
身近な会話を分析してみる

2022 年 10 月 10 日　初版第 1 刷発行

　　　　著　者　　中井陽子・大場美和子・寅丸真澄
　　　　発行者　　中西　良
　　　　発行所　　株式会社ナカニシヤ出版
　　　☎606-8161　　京都市左京区一乗寺木ノ本町 15 番地
　　　　　　　　　　　Telephone　075-723-0111
　　　　　　　　　　　Facsimile　075-723-0095
　　　　　Website　http://www.nakanishiya.co.jp/
　　　　　Email　　iihon-ippai@nakanishiya.co.jp
　　　　　　　　　　郵便振替　01030-0-13128

装幀＝白沢　正／印刷・製本＝ファインワークス
Copyright © 2022 by Y. Nakai, M. Ohba, & M. Toramaru
Printed in Japan.
ISBN978-4-7795-1642-9